U0524351

反套路经济学

为什么聪明人也会做蠢事？

[美]史蒂夫·兰兹伯格
(Steven Landsburg) 著

周盟 王艺璇 译

北京联合出版公司
Beijing United Publishing Co.,Ltd.

所有的一切都献给家的港湾
还有
献给丽莎
你是我生命中最大的惊喜

前言：打破传统思维的智慧

常识告诉我们：滥交会传播艾滋病、人口过度增长会威胁经济繁荣、守财奴通常不会是一个好邻居……我写这本书就是为了挑战这些常识。

我的武器是证据和逻辑，尤其是经济学逻辑。当我们用逻辑带来的全新视角看待世界时，会发现这些逻辑是如此具有启发性，并且如此有趣。这本书的内容就是关于这些逻辑的。

生女儿会导致父母离婚；对复仇的渴望比对黄金的渴望更健康；禁止猎杀大象对大象来说可能是个坏消息（可能导致更多大象被猎杀）；对于接受灾难援助的人来说，灾难援助不一定是个好消息；恶意的电脑黑客应该被处死；越是慈善的人赞助的慈善机构反而越少；写书是一种没有社会责任感的行为，但排队喝水时插队却不是；高、瘦、漂亮的人工资更高——但原因却不是你想的那样。

以上每一句话都比你以为的更接近事实。如果你的常识告诉你它们不对，那么别忘了，常识曾让人们觉得地球是平的。

接下来你将读到的是所有反常识的、原创性的、看起来没必要的和奇奇怪怪的想法大集合，我说的每句话都是认真的，同时也都是有趣的。我们对一些重要内容进行了严肃认真的思考，得出了令人惊讶同时十分有趣的观点，它们都包含在这本书中，将给你带来关于世界如何运转的新见解，有些见解可能会激怒你，但最终读完之后，我希望它们也能让你莞尔一笑。

目录

第一部分　公共水源原则

一　性越多越安全／007

二　多子多福／020

三　守财奴的妙处／036

四　镜子镜子，谁是世界上最漂亮的人／043

五　为什么童工应该存在／056

第二部分　用正确的经济学激励改善一切

六　如何改善政府机制／066

七　如何改善司法系统／072

八　如何改善其他问题／092

第三部分　令人挠头的日常经济学

九　想一想这几个问题／118

十　哦不！是个女孩！／129

十一　做母亲的高昂代价／136

第四部分　用经济学看待一些重大问题

十二　真正的慈善／142

十三　灵魂的中央银行／156

十四　如何关心时事／169

十五　有关生死的思考／188

十六　令人不安的事实／205

附录／223

致谢／234

第一部分
公共水源原则

第一部分 公共水源原则

在十月份一个清爽的星期六，如果你来到我所居住的郊区社区，就可以看到一个小小的悲剧：每户人家的草坪上都有一个人拿着吹叶机，把自家草坪上的落叶吹到邻居家的草坪上，而邻居再一吹落叶就又吹回来了……就这样反复折腾，最后经过一个辛苦忙碌却毫无成效的上午，人们会心安理得地回到屋里休息。

看起来这是一个非常糟糕的度过星期六的方式，因为要是大家都扔掉吹叶机，待在家里看球赛，可能会更快乐。但不幸的是，人们都太理性了，理性告诉人们，无论邻居是否选择吹落叶，自己出去吹落叶都是最好的选择。因为如果其他人都吹落叶，为了避免自己的草坪被两边邻居吹过来的落叶覆盖，自己最好也出去吹落叶；如果每个人都不吹落叶，那么自己不恪守规则出去吹落叶，就可以拥有附近唯一一块干净的草坪。

经济学有很大一部分就是在讨论像这样的理性行为最终带来的令人惊讶、有时甚至是悲剧性的结果。比如当球场上出现了激动人心的场面，每个人都会站起来，想看得更清楚，最终导致没有一个人能看得清；在有很多人同时谈话的聚会上，为了不让自己的声音被淹没，每个人都大声说话，最终每个人都只好哑着嗓子回家。无论是在球场观众席上站起来还是在聚会上大声说话，这些行为以及往邻居家草坪上吹落叶的原因是一样的——我们总是趋利避害，对自己利益有着敏锐（而且完全理性）的关注，而不关心是否对周围人造成了伤害。

经济学中的一个普遍原则是：当人们承担自己行为的后果时，事情的结果是最好的；或者换句话说，当人们行为的后果是由他人承担时，事情的最终结果往往会很糟糕。这一普遍原则听起来可能简单明了，却蕴藏着能削弱大量传统智慧的能量。比如按照这一普遍原则，世界上的人口还是太少了，守财奴也太少，草率的性行为也不够多，但二手烟和童工的数量却刚刚好；它还意味着人们对黄金的渴望具有社会危害性，但对复仇的渴望则是社会所需要的；它还揭示了为什么高、瘦和漂亮的人能挣到更高的工资；它建议人们对法律制度、政治制度、税法制度和禁止插队的规则进行全面的、推翻式的改革；它甚至解释了费城的汽车保险为什么贵得离谱。

更接地气的是，它还告诉我们街道上有太多垃圾。这个结论可并不像你以为的那么显而易见。因为街道上确实有很多垃圾存在，但"很多"并不总是等于"太多"，毕竟有些垃圾是应该存在的，因为如果不是这样，情况可能会更糟。比如你刚刚在街边踩到的吃了一半的三明治，该不该存在？也许是有人为了避免被大黄蜂蜇到，不得以把它仍在了地上。那张缠住你脚踝的报纸该不该存在？也许是有人寻找刚从公文包里掉出来的纳税申报单时被风卷走的。如果你拿着冰棒在街上走的时候突然心脏病发作，没有人会认为在倒地之前，你应该先走向最近的垃圾桶把冰棒扔掉。

原则上，世界上所有城市街道上的垃圾都应该有很好的存在理由，但街道上实际存在的垃圾比有合理原因的垃圾多得多。扔香蕉皮的人和踩到香蕉皮滑倒的人通常不是同一个人，这在很大程度上保证了即便成本（踩到香蕉皮滑倒）超过了效益（随手扔香蕉皮的便利），人们还是会随手扔香蕉皮。所以每发生一次这种情况，这个世界就会变得不那么美好一点——这就是我所说的垃圾太多的意思。

换句话说，"太多"不仅仅是数值上的判断，它更说明了在一个垃圾更少的世界里，我们都会更快乐。就像在一个吹叶机更少、禁止在球场观众席站立的世界里，我们都会更快乐一样。无论是吹落叶或是乱扔垃圾、生儿育女或是性交、存钱或是花钱、抽烟或是喝酒、放火或是报火警——这些行为都有成本和效益。只有成本和效益都由个人自己承担时，人们才会把一切做得刚刚好。比如丢弃多少香蕉皮、生多少孩子、选择几个伴侣。如果人们只享受效益而让别人承担成本，那么人们就会过度放纵自己；相反，如果人们只承担成本，让别人享受效益，人们就会变得过度谨慎和保守。

当你和朋友共同分摊晚餐账单时，是否点甜点就像上面提到的是否乱扔垃圾一样——你可以得到好处，而将成本转嫁到朋友身上。如果你觉得一块售价10美元的双层巧克力慕斯只值4美元，那么当你自己付钱时可能不会点它。但当账单是由10个人分摊时，点一份双层巧克力慕斯对你来说就很值了，因为你只用1美元就可以吃到你认为值4美元的甜点。但是对你们10个人（包括你）来说，其实总共承担了6美元的损失，这就是我所说的糟糕的结果。

溢出效应通常会导致糟糕的结果，我认为这一点至少在理论上是明确的，但我们还需要用一些例子阐明究竟什么是溢出效应。以餐馆里的二手烟为例，二手烟之所以被称为二手烟，就是因为烟会从一张桌子"溢出"到另一张桌子（或从一张桌子"溢出"到厨房）。但在这个例子中它还不算溢出效应，因为只有在决策者忽视它的情况下，才算得上是溢出效应。而餐馆老板——那个一开始就允许吸烟的人，不太可能忽视像二手烟这种会冒犯到顾客的东西。

当然，无论餐馆老板怎么决定都会得罪一些顾客。允许吸烟会冒犯不吸烟的顾客和员工；禁止吸烟则会使吸烟的顾客感到不快。只有老板从自己的经济利益出发做出决策，才能将对顾客的得罪降到最低。如果禁止吸烟的效益超过了成本，那就禁止吸烟，反之则允许吸烟。因为无论是禁止吸烟还是允许吸烟，最终的成本和效益都由老板自己承担，并直接影响餐馆效益，而餐馆效益则完全取决于顾客是否愿意在餐馆花钱。因此，从理论上讲，老板做出的关于是否允许吸烟的所有决策都是正确的。这就是为什么大多数经济学家都认为，如果其他人替老板做决定，比如颁布一项法律替代他的决定，不会是一个好主意。

我们可以把上面的这一普遍原则称为"公共水源原则"。你可以随意弄脏自己家的游泳池，但如果你家的污水溢出到公共水源，你就应该做出赔偿。相反，如果你自愿清洁公共水源，你就应该得到奖励。否则，污染公共水源的人就会越来越多，而自愿清洁公共水源的人会越来越少。

这个普遍原则是不是看起来非常简单并且显而易见？可是由这个普遍原则推导出的一系列结果可能会是惊人的。

一 性越多越安全[1]

这是真的：艾滋病是大自然对我们的可怕惩罚，惩罚我们容忍滥交和对社会不负责任的性行为。同时，艾滋病也是一夫一妻制、节欲和其他形式的极端性保守主义的代价。

可能你已经在别处读到过很多关于滥交罪恶的文章，那在这里，让我来告诉你自我节制的坏处。

想象这么一位富有魅力但谨慎保守的年轻人马丁，他的性经验十分有限。最近，他一直在和同事琼调情。随着这周办公室聚会的临近，琼和马丁都在默默地考虑聚会后两人一起回家的可能性。不幸的是，这个时候，命运通过它在疾病控制中心的代理人插足了他们的计划。聚会的那天早上，马丁碰巧注意到了一则由疾病控制中心投放的地铁广告，宣传婚前节欲的好处。经过一番内心挣扎，他决定待在家里不去聚会了。由于马

---

[1] 本书相关内容与论点仅代表作者观点，目的是启发读者从不同角度思考问题，并非主张采取类似做法。——编者注

丁没有参加聚会，琼被同样富有魅力，但在性方面不那么谨慎的马克斯韦尔吸引到了。最后，琼得了艾滋病。正是谨慎的马丁退出了这场配偶追逐游戏，才让鲁莽的马克斯韦尔更容易吸引到不幸的琼。也就是说，如果地铁广告对马丁比对马克斯韦尔更有效，广告的出现其实威胁到了琼的安全。如果地铁广告同时还取下了卡尔文·克莱恩（内衣品牌）的广告，就更雪上加霜了，因为这些广告原本可能会让马丁变得更勇敢。

如果世界上的马丁们对自己的要求放松一些，就能减缓艾滋病的蔓延。当然，我们可不想把这个观点扩展得太宽泛，因为如果马丁们过于放纵，就会变得和马克斯韦尔们一样危险。但是，当性保守主义者适度增加他们的性活动时，对其他人来说算得上一件好事。哈佛大学教授迈克尔·克雷默估计，如果那些性伴侣数少于2.25个的英格兰人能再适当多一些性伴侣，艾滋病在英国的传播速度可能真的会延缓，这一估计适用于四分之三左右的年龄在18~45岁的英国异性恋人口。

像马丁这样谨慎的人，每去一次酒吧都是在为这个世界做贡献。事实上，他为世界做了两件好事。首先，他提高了每个寻求安全性伴侣的人的胜算。其次，令人非常诧异，但可能也更有意义的是，如果马丁找了个新伴侣，并且染上了艾滋病，他会带着病毒孤独地回到家里，最终死亡。

如果有人必须被感染，我希望是马丁而不是滥交的马克斯韦尔，因为马克斯韦尔可能会在最终死亡之前将病毒传染给其他20个人。

我总是很高兴在酒吧里看到像马丁这样的人。当他把一个未感染的伴侣带回家时，就意味着他把伴侣从潜在的危险（被感染）中转移走了；当他把已感染的伴侣带回家时，也避免了伴侣将病毒传染给更多的人。当然，不管是哪种情况，我都希望马丁好运。

遗憾的是，以上理由没法帮助我们搭讪。如果我们用"你应该和我睡觉，这样虽然你会被感染，但至少可以终结一条病毒链"的搭讪方式，在任何社交场合都没法混了。这就像是说"你应该卖掉你的吹叶机，这样邻居的草坪就会更干净"或者"你应该在看球的时候一直坐在椅子上，这样其他人就都能看清楚了"。关键就是，对群体有利的事情往往对个人不利，这也是为什么我们总能得到糟糕的结果。

在整个社会层面上，对性持适当的开放态度可以延缓疾病传播，至少理论上是这样的。那么现实中如何？这也是克雷默教授研究的重点，基于人们选择伴侣时合理、现实的假设，克雷默教授的研究结果表明，现实中的结果与理论是相同的。所以当你的一些相对保守的朋友突然做出了令人惊讶的行为时，有可能他只是在尽自己的一份力量对抗致命的流行病。

这就是我支持马丁和琼的原因之一。当然还有另一个原因——他们会享受到快乐。

享受快乐永远不应被轻易忽视。毕竟，降低艾滋病感染率并不是唯一值得追求的目标，如果是的话，那么禁止性行为就可以了。我们真正想要的是降低既定数量的性接触所导致的艾滋病感染率。在这种情况下，增加人们性行为的数量也可以起到相同的作用。即使马丁无法让马克斯韦尔的其他猎艳行为失败，至少他可以让一个人开心一点。

所以，如果你执着于减少艾滋病的传播，那么你应该鼓励马丁与更多的人约会[1]。如果你是一个明智的人,你想最大化性带来的好处,最小化它的代价(感染艾滋病),那么你应该鼓励马丁与更多的人约会。

对于一位经济学家来说,性保守主义者在当下变得更加保守,原因是显而易见的:他们的价值被低估了。如果性保守主义者能够更有效地宣传他们的行事作风,那么有艾滋病防范意识的追求者就会竞相关注他们。但这一切并没有发生,因为我们很难识别一个人究竟是不是性保守主义者。而且,这个世界给予性保守主义者放宽性行为标准的回报完全不够,所以他们也很难变得开放起来。

当你认识了一个新的伴侣,在承受一些代价的同时也会获得一些好处,这都是你自己的事。同时,对你的伴侣来说,你也会给他/她带来一定的成本和效益,这些也都是他/她的事。如果你有不负责任地滥交的历史,对你的伴侣来说,这就是一种成本。每个人都在一个巨大的公共水源中寻找伴侣,而你的进入无疑污染了它。

但如果你一直非常谨慎,那么你的进入很可能会提高公共水源的清洁度。只要跳进水源,你就会让它变得更纯净。多亏了你,今晚去"钓鱼"的人才有机会钓到安全的"鱼"。

像任何其他公共水源一样,性伴侣的公共水源里有太多的污染者和太少的清理志愿者。工厂主在保护环境方面做得不够

---

[1] 事实上,假如你是一个偏执狂,想要尽量减少艾滋病的流行,并且你能控制每个人的行为。那么,正如刚才所说,你完全可以禁止性行为。但是,如果你只能控制马丁们的行为,不得不接受马克斯韦尔们的行为无法改变这个事实,那么你应该鼓励马丁们多与其他人发生性行为,而不是制止他。

好的原因是他们没有得到足够的奖励（或者忽视环境保护而没有受到足够的惩罚）。也许他们获得了一些回报（工厂主也喜欢干净的水和清新的空气），但大部分效益是被我们所有人共享了。同样，马丁在阻止艾滋病流行上（通过与琼发生关系）可能做得不够的原因是，虽然他肯定会获得一些回报（如快感），但更多好处还是流向了琼、她未来的伴侣，以及伴侣的伴侣。

从相反的角度来讲，马丁的节欲是一种污染。因为节欲行为降低了约会对象中相对安全的伴侣的比例，也就是说污染了"性环境"。工厂老板制造了非常多的污染，但他们只需呼吸一小部分受到污染的空气；同样，马丁之所以花很长时间独自待在家里，也是因为他只需承担一小部分由他造成的后果。

这个"污染"的类比是如此强大，它几乎阐明了每一个故事的要义。想要得出马丁与琼的结合能延缓艾滋病蔓延的结论，就必须做出一些假设，比如假设马丁待在家里，琼和马克斯韦尔以及其他潜在伴侣之间会发生什么；但如果要得出马丁与琼的结合能让世界变得更美好的结论（"更美好"既包括减少艾滋病的传播，也包括性生活的美妙），不需要进行任何假设。事实上，当一个事物的价值（如马丁的性行为）被低估时，就会导致供应不足，这是一个相当普遍的原则。

这就是我们所知道的，当性保守主义者放宽他们的标准时，周围的人都会受益。仅这一点就足以告诉我们，如果我们能让这些人更放松，世界将变得更美好。

然而，让世界变得更美好的方式不止一种，还有让疾病蔓延减缓，让人们从性行为中享受到更多的快乐。也许疾病会加速蔓延，但如果人们从中享受到了更多的快乐，那也是值得的。

"公共水源原则"的纯理论告诉我们，至少有一件好事应该发生——延缓疾病的蔓延。克雷默教授的研究则表明，两件好事都发生了——我们得到了更多的性行为和更少的疾病。

克雷默教授的研究表明，如果只想减缓疾病蔓延，那么更多的性行为是一件好事。如果我们想最大限度地获得超过成本的效益，那么更多更多的性行为是一件更好的事情。

那么，我们该如何鼓励马丁（以及其他像他一样的人）有更多的性行为呢？我很希望这本书能够为他指引正确的方向，但遗憾的是，即使他阅读并完全理解了这本书的内容，可能也难以找到这么做的足够的理由。马丁已经选择了适合他的性活动水平，不太可能仅仅因为了解了一群陌生人，即琼和她未来的伴侣，就心存善意地调整整个"性水源"的清洁度。

作为一个个体，马丁更倾向于关注什么对自己有利，而不是什么对他所生活的社会有利。你可以让一个工厂主明白他的工厂产生的污染正在伤害其他人，但这并不等同于你已经说服了他停止这样做。

所以，我们需要比单纯的教育更有效的东西。从人们通常的反应推断，我认为自由主义者会通过强制立法解决过度性节制的问题。但作为市场定价机制的拥护者，我更愿意通过精心设计的补贴体系来鼓励对社会有益的行为。

换句话说，我们可以通过发放补贴从而激励人们交往更多的性伴侣。但这并不理想，因为我们并非希望每个人都拥有更多的性伴侣，比如马克斯韦尔就不必了，他的性伴侣已经够多了。真正的问题是如何在激励马丁们与更多的人交往的同时，还不会让马克斯韦尔们纵欲过度。

因此，我们只应该补贴那些相对而言缺乏性经验的人。不幸的是，这一点很难做到，因为只要马克斯韦尔们对他们的过去撒谎，并脸不红心不跳地伸手要补贴就行了。

所以，我们真正需要的是马丁们看重，而马克斯韦尔们不太在乎的奖励，比如借书卡。我猜马克斯韦尔们的社交生活如此繁忙，应该不会花太多时间在图书馆。这就是一个非常明确的改进，但它仍然不完美。比如当马丁们以一副得意扬扬、衣衫不整的架势来到借阅台时，图书管理员该如何判断他刚刚是真的履行了自己的性义务，还是只是在装模作样，骗取借书卡？

让我们再试一次：我们需要一个对马丁们来说，只有当他真的发生了性行为，否则就毫无价值的奖励。并且，这个奖励依然是谨慎的马丁们比滥交的马克斯韦尔们更看重的东西。

我能想到的只有一种奖励同时符合这两个标准：免费（或大量补贴的）避孕套。为了获得免费避孕套的好处，马丁们就会与更多人交往。而且，马丁们可能比马克斯韦尔们更看重免费的避孕套，原因如下：马丁们几乎还没有被感染，所以使用避孕套对他们来说是一种保护。而对马克斯韦尔们来说，他们很可能已经感染了病毒，所以避孕套的作用就大大降低了。免费的避孕套可能会引诱马丁们走出家门，却不会激起马克斯韦尔们展开新一轮狂乱的性行为。

在这一基础上，补贴避孕套还有另一个原因。使用避孕套这一行为本身没有得到应有的奖励。当你使用避孕套时，你可以保护自己和未来的伴侣（以及未来伴侣的伴侣），但你只会因为保护自己而得到奖励（感染的概率变低）。你未来的伴侣并不能观察到你过去使用避孕套的情况，因此不能用高调的求爱奖励你。这意味着你无法获得所有好处，结果就是避孕套并没有被充分利用。

换句话说，人们没有充分使用避孕套和他们的性生活太少的原因是一样的。当马丁和琼发生性行为时，对琼未来的伴侣有好处；当马丁使用避孕套时，对马丁未来的伴侣也有好处。但在这两种情况下，未来的伴侣都没有合理的机会影响马丁当下的行为，更无法给予马丁相应的回报。

人们经常争论，补贴的（或免费）避孕套既有好处也有坏处。好处是它降低了人们性行为的风险，坏处就是它鼓励了更多的性行为。但这不能算是一个优点和一个缺点，而是两个优点。如果没有补贴，人们就不会充分使用避孕套，而且最重视避孕套的那部分人也不愿意与更多的人交往。

补贴避孕套的主要不利因素是它们本来就不是很贵。你可以把避孕套的价格从一美元降到零，但这并不会对人们的性行为产生太大的影响。

因此，我们的目标应该是将避孕套的价格降至零以下。换句话说，我们应该为使用避孕套的人发放奖金。这个奖金最好只发给节制的马丁，而不给滥交的马克斯韦尔。考虑到这一点，记者奥利弗·莫顿提出了一个绝妙的建议：如果对于马丁们来说，节制的一部分原因是过于羞怯，难以与异性交往（滥交的人在这方面相对来说没有什么问题），那么也许可以设立一个由政府资助的约会帮扶服务：给我们带过来一个你使用过的避孕套,我们会帮你找到约会对象。[1]

如果我们的性经历能够以某种方式被公开,那么关于谁应该得到补贴的问题将迎刃而解。而且,人们还可以对伴侣之前的谨慎行为做出相应的奖励。也许科技最终可以让这种解决方案变得可行(我曾想象过一个未来色情片中的场景:她的裙子滑到了地板上,他的目光停留在她的大腿上,那里有一块嵌入的液晶屏,上面显示"该站点已被访问314次")。再或者,正如我的一位专栏读者建议的那样,我们可以提供一项在线服务,记录人们的艾滋病检测结果。你可以输入未来伴侣的名字,然后看到这样的回答:"最后一次阴性测试结果是在2006年7月4日。"或者,为了保护隐私,你可以不输入名字,而是输入对方提供的证件号码,屏幕可以同时显示测试结果和照片,以免这是一个假的证件号码。我觉得这是一个很好主意,我不明白为什么没有人这么做。在此之前,我们最多能做的就是让避孕套更便宜,同时把那些有误导性的地铁广告撤掉。

附录

1996年,《石板》(*Slate*)杂志发表了这一章的简要版,并收到了数百封电子邮件回复。这些回复中相当一部分既富有思想又充满趣味,还帮助我改进了你刚刚阅读到的最终稿。当然,还有一些电子邮件里什么回复都没有,只有一两句谩骂。对于这些人,我通常会回复一封简短的信:"我感到很遗憾,

---

[1] 当我对这种情况造假的容易程度表示担忧时,莫顿先生回应道:"是的,我担心过造假的问题。但不管怎么样,约会市场都应该欢迎这些人,他们确实需要帮助。"

但从你发给我的电子邮件中，我无法明确你是在哪个部分开始读不下去的，如果你能更准确地说出你不明白的地方，我会尽我所能将它解释清楚。"在相当多的情况下，我会得到更明晰同时充满歉意的回应。我还与一部分读者进行了多轮沟通，最终受益匪浅。

还有一些读者的来信离题甚远。其中一人炫耀了自己医学博士的履历，称我们的专栏"极度不幸"，并在随后一期的《石板》杂志上解释了原因：

> 我们正处于艾滋病毒大流行的特殊阶段，在这个阶段，异性间的病毒传播风险正变得越来越显著。普通读者可能会因为这篇文章而增加他们冒险的性行为，不幸的是，那些成功而又短暂的一夜情可能导致寿命的缩短和未来持续的不幸。

19世纪经济学领域最伟大的发现之一就是比较优势理论，根据这一理论，只要人们坚持自己擅长的事情就可以获得成功（实际上该理论更加精妙，但这个简化版本也足够我用了）。比较优势理论解释了为什么一些人可以成为医生，而另外一些人则会进入某些需要一定逻辑推理能力的领域（比如经济学）。

这一章以及最初版本的专栏文章，都不太可能激发读者为了别人的好处，进行冒险的性行为。事实上，问题的关键就在于，相对节欲的人之所以性生活太少，正是与更多的人交往并不符合他们的利益。如果你和你的配偶是一对一关系，你们都不太可能患上性传播疾病。就算我指出你们持续保持一对一关系，对周围人来说可能是致命的，我也并不希望你们为了周围人甘冒生命危险。

想象一个这样的场景：我写了一篇文章，阐明工厂在烟囱上安装过滤网是一项积极的社会服务。但不幸的是，安装过滤网会削减工厂的利润，所以他们安装的过滤网远远达不到理想的数量。因此，我们需要考虑对安装过滤网的行为做出补贴。

我们回过头再来看看这位医学博士的思路：（1）安装过滤网降低了工厂的利润，因此是一件坏事；（2）我的文章"极度不幸"，因为"那些拥有工厂的普通读者可能会增加可以降低污染的设备"；（3）如果我们要为降低污染的设备辩护，不妨征求一篇文章。

（1）和（2）完全错误，因为就算是普通读者，也不会如此"愚蠢"，或者如此利他主义，以至于只是看了一篇完全没有提供相应理由的文章，就会做出更多可以降低污染的行为。如果真是这样，我想我们都应该感谢这些读者。这一点这也恰恰证明了这篇文章根本不是"极度不幸"的[1]。（3）则是一个不合逻辑的推论，这样的推论不但不会给周围人带来任何好处，而且完全偏离了主题。

在此，我花时间对这位医学界的读者做出了充分的回应，因为他的评论也得到了另外几个人的响应，他们都担心一些天真的读者可能会误解我的论点，从而变成马克斯韦尔，最终导致人类灭绝。也是因为这个原因，一些人甚至敦促我撤回文章。换句话说，他们认为一个观点但凡有被误解的可能，就完全不

---

[1] 如果要将这个类比说得再明确一些，那就是：安装过滤网就像增加马丁们的性行为，它可能会伤害到马丁们，但却可以帮助周围的人。一件事伤害了你并不意味着它就是一件坏事，一件事即使能帮助到你周围的人，你也不一定想做它。从另一方面来讲，如果我的一些读者（有可能是医学院的学生）误解了这些论述，于是他们变得更愿意走出家门，那我们所有人都应该感到万幸。

应该被发表。对于这样的看法，我无法苟同，我们已经有过一段如此漫长且鄙陋的历史（指欧洲黑暗的中世纪）了。

下面还有一些经常被提出来的问题，在这里我再次做出答复：

问题1：你说增加性行为就会降低艾滋病的传播程度。如果这是真的，那么极大幅度增加性行为难道就能完全战胜这种疾病吗？这一结论难道不是明显十分荒谬吗？

回答：这个结论确实很荒谬，因为这样的推理并不符合逻辑。大的变化和小的变化并不总是导致相似的结果。我相信如果我适当节食，我可能会活得更久；但我并不认为如果我完全停止进食，我就会永生。

问题2：用一位读者的话说，增加性行为只会减缓疾病蔓延；自我约束却可以阻止它蔓延。有鉴于此，只吹嘘滥交的好处而不强调自我克制的好处，难道不是一种不负责任？

回答：这就像是说红绿灯只能减少交通事故，禁止使用汽车则可以完全消灭交通事故。因此，吹嘘红绿灯的好处是不负责任的。

这种推理的问题在于，禁止使用汽车，就像禁止长期关系之外的任何性行为，既不现实，也不可取。因为即使我们维持了完全的一对一关系，并且死亡率也因此大大降低，我们可能也不会因此变得更快乐。

我们都知道，一个完美的一夫一妻制社会是不会有艾滋病存在的，但我们实际生活的社会并非完美。作为一名作家，我更愿意写出真实的情况，哪怕它令人惊讶。我希望我的读者能够对一些新的观点感兴趣。

问题3：好吧，一定程度的放纵是有好处。但节欲也有好处，只补贴其中一个而不补贴另一个，是否合理？

回答：不是这样的，这两种行为的激励之间有一个关键的区别。其他人可以享受到你放纵的好处，而节欲的好处只有自己能享受到。也就是说，你已经享受到了节欲带来的足够多的激励。

问题4：你是否漏掉了一些很重要的可能性？

回答：没错。首先，人类行为模式的改变可能会引发病毒进化。但我不确定这个考虑在我们的讨论中是否重要（尽管它在其他情况下肯定很重要），但也许我错了。另一方面，至少有一位读者提出了"只是稍微放纵一点"是不可能的，因为这会引发社会文化的改变，最终导致滥交行为激增，但我无法确定他是否正确。

二　多子多福[1]

泰德·巴克斯特是《玛丽·泰勒·摩尔秀》(*Mary Tyler Moore Show*)的主持人，他计划养育6个孩子，并且希望其中一个长大后能解决全球人口问题。泰德的主持水平一般，但却是个天生的经济学家。他的基本见解无可挑剔：人可以解决问题，所以当有更多的人时，就会有更多的问题得到解决。

你比你的祖父母更富有，以及你的孙辈将比你更富有的原因，就是每一代人都免费使用了祖辈的创造力。以前，你的父母只能在两三个电视频道中进行选择，这些频道的节目有可能是黑白的，并且播放的节目也不能录下来供以后观看。他们使用的是电动打字机，最新的型号有一项了不起的创新——"删除"键，它能删除你键入的最后一个字符，但如果你想删除前

---

[1] 本章部分内容节选自作者的早期著作《公平赛局》(*Fair Play*)。

面的字符，那就只能自认倒霉了。

我们应该感谢有线电视、录像机和个人电脑的发明者，以及幸运女神阻止了他们的父母在他们出生之前加入人口零增长组织，这样我们才能享受到今天如此便捷、舒适的生活。

科技进步是社会繁荣发展的引擎，而科技进步的引擎则是人。人产生了创意，所以人越多、创意越多；创意越多，我们的社会就越繁荣昌盛。

哈佛大学经济学家迈克尔·克雷默从数百万年的人类历史，以及人类文明产生前的历史中收集了大量数据，以支持这样一种理论：人口增长会促进技术进步，技术进步会推动经济增长。为了完成这一良性循环，经济增长反过来又会促进人口增长，因为更富裕的社会可以养活更多的孩子。克雷默教授的研究结果让他对泰德的观点表示赞同。

克雷默教授的结论基于这样一种假设，若世界上的人口翻倍，天才的数量也将翻倍。因此，会有更多的人口促进技术的发展，其原因与最大规模的高中通常拥有最好的足球队一样。但不止于此，伟大的四分卫就只是一个伟大的四分卫，而伟大的发明家则可以提高每个人的生产效率。四分卫对球队的贡献在他毕业时就会结束，但发明家对整个社会的贡献将永远存在。

有两个原因可以解释人口规模产生的效益甚至可能远超克雷默教授的乐观估计。首先，天才之间往往心有灵犀，能够相互启发。因此，2000名天才对社会做出的贡献可能远超1000名天才做出的贡献的两倍[1]。其次，更多的人口意味着更大的市场，天才们的发明将大有用武之地，这也会激励人们更加努力地工作。所以，人口增长不仅会增加天才和他们发明的数量，还会鼓励我们这些普通人将自己的价值发挥到极限。

事实上，里士满联邦储备银行的两位经济学家在《美国经济评论》（American Economic Review）发表的一篇研究论文指出，工业革命及其引发的大规模、持续的经济增长，必须在世界市场规模足够大时，才能为企业家的大规模创新提供真正的奖励。

现代人类最早出现在大约10万年前，在接下来的99800年的时间里，几乎每个人的平均生活水平都只是在温饱线上挣扎，相当于现代美国每年400~600美元的生活水平。在某些幸运的时间点和区域，这一生活水平会有所上升，但几乎从来没有超过该水平的两倍。一些贵族的生活水平确实要好得多，但从他们的数量上看，可以说微不足道。如果你出生在18世纪末之前的任何一个年代，你的生活水平很可能维持在每年1000美元的水平线之下，你的父母和祖父母同样，你的孩子和孙子也难以改变这样的状况。

然而，18世纪晚期，距今仅仅几百年前，差不多10代人左右的时间，改变发生了。人们开始变得更富有，而且越来越富有。至少在西方，人均收入开始以前所未有的每年约0.75%的复合增长率增长。几十年后，同样的事情开始在世界各地发生。经历了数千年的停滞，人们的生活水平终于开始一年接一年地

---

[1] 另一方面，有人可能会说，天才们也倾向于互相威胁：如果隔壁的天才非常有可能先你一步取得研究专利，那为什么要浪费你的青春来研究低温核聚变呢？

不断改善。不久之后，人们逐渐认为这样的改善再普通不过。今天，我们都期待自己的汽车、电脑、药品和娱乐设备能不断更新，最好它们的功能可以让我们眼花缭乱。但工业革命之前不是这样的。一旦开始有了0.75%的年复合增长率，就一定会产生奇迹。

之后的情况当然是越来越好。到了20世纪，人均实际收入（排除通货膨胀的影响）的年均增长率是1.5%，而且自1960年以来，人均实际收入以约2.3%的增长速度维持了50年左右。让我来解释一下这些增长率对普通美国人意味着什么。

如果你是一个年收入5万美元的中产阶级美国人，你希望25年后你的孩子也能获得同样的经济地位，那么在2.3%的人均实际收入增长率下，他们的收入在排除了通货膨胀的影响后，相当于每年8.9万美元。同理，再过25年，他们的孩子将获得每年15.8万美元的收入。如果人均实际收入一直以2.3%的增长率持续下去，那么在不到400年的时间里，你的后代每天将能赚到100万美元，略低于比尔·盖茨目前的收入，但至少已经很接近了。我想澄清的是，这些金额并没有受到未来可能的通货膨胀的影响，它们与今天的100万美元有相同的购买力。

如果你觉得我们不可能创造出这样巨大的财富，那么请记住，这还是根据过去几个世纪以来的趋势做出的保守推断，是在人均实际收入增长率维持在2.3%的基础上得出的。而事实上，在过去的200年里，增长一直在加速。同时还请记住，历史上的每一次进步在发生之前，几乎都是难以置信的。公元1世纪的时候，塞克斯图斯·尤利乌斯·弗龙蒂努斯曾说："人类的发明创造在很久以前就已经达到极限了，我看不到更进一步的希望。"

在人类社会取得不断进步的大背景下，商业周期的暂时性起伏只是一个极其微小的插曲。20世纪30年代，美国经历了一场大萧条。当时，人们的收入水平回落到了大约20年前，有好几年人们不得不像他们父母曾经那样生活，并认为这几乎无法忍受。因为在我们的潜意识里，现在的生活水平就应该比过去更好。而事实上，这只是历史长河中出现的一个新现象。任何一个18世纪的政治家做梦都想不到还可以这样问别人："你的生活比4年前更好吗？"因为没有人觉得，仅仅4年之间，人们的生活水平就能有所提升。

收入增加还只是这个故事的一部分而已。事实上，我们不仅比以往任何时候都更富有，而且工作时间也降低了，同时我们还享有比以往质量更高的产品。100年前，美国人每周平均工作时间超过60小时，今天则是35小时以下；100年前，只有6%的制造业工人可以休假，今天则是90%；100年前，男性在十几岁时就会成为全职劳动力，如今，青少年劳动力的参与率基本为零；100年前，只有26%的男性劳动者可以在65岁之前退休，如今，超过80%的65岁男性已经退休；100年前，一个普通的家庭主妇每天要花12个小时洗衣、做饭、打扫卫生和缝纫，今天只需要大约3个小时。

1900年，一位家庭主妇的典型洗衣日是这样的：首先，她要把水壶装满，放到火炉上，然后生火（烧木头或煤）加热火炉。接着，她需要用手清洗衣服，包括漂洗、拧干（用手或机械绞干机拧干衣服），然后把衣服挂起来晾干，最后用炉子上不断加热的沉重熨斗将衣服熨烫平整。整个过程大约需要8.5小时，在这个过程中，这位家庭主妇大概要走1英里（约1.6公里）多的路。我们之所以会知道这一点，是因为美国政府过去常常雇用研究人员记录家庭主妇的工作，并进行了研究。

不仅仅是洗衣服，在20世纪初，大多数家庭都没有自来水，也很少有中央供暖系统。因此，日常家务活还包括运煤和水。据统计，一位家庭妇女每年在家里需要扛7吨煤和9000加仑（约34立方米）的水走来走去。到了1945年，我们的女主人可能有了一台洗衣机。而现在，她洗衣服只需花2.5小时，而不是8.5小时；她不用走1英里，而是665英尺（约203米）。今天，你可以买一台洗衣机，洗完衣服后，洗衣机会自动发电子邮件通知你，这样你就不用浪费时间专门照看衣服了。

今天，美国最贫穷的家庭（家庭年收入低于15000美元）中，99%的家庭有冰箱（其中83%的家庭冰箱没有结霜），64%的家庭有空调，97%的家庭有彩电，超过2/3的家庭开通了有线电视，60%的家庭有洗衣机和烘干机，几乎一半的家庭拥有个人电脑，其中大多数都可以上网。

至于我们购买的商品质量如何，只要拿起一本2001年的电子产品目录，问问自己是否还想拥有上面的东西，就能知道了。那一年，我的朋友本花了600美元买了一台130万像素的数码相机，它重达1.5磅（约0.7千克），存储只相当于一张软盘！去看看2001年电子产品的目录吧，我保证你会惊讶于只是过去了短短十几年而已，我们就拥有了更多、更好的产品。

或者，如果你愿意，还可以对比一下医疗保健产品。你愿意以今天的价格购买今天的医疗保健服务，还是愿意以1970年的价格购买1970年的医疗保健服务？我相信，几乎没有人会选择1970年的医疗保健服务。这就说明，尽管面临着大量的抨击，今天的医疗保健服务仍然比以往任何时候都更好、更划算。它让我们的生活变得更美好，让我们的生命持续得更长久。今天，一个20岁年轻人的祖母依然在世的概率比100年前要高很多。

以上内容的重点是，可计量收入的增加——即使是过去两个世纪的显著增长，也不能完全准确地反映出我们经济状况的改善。与中世纪的欧洲君主相比，美国中产阶级的平均收入可能较低，但这并不妨碍美国中产阶级过着比欧洲君主更奢侈的生活。我甚至怀疑亨利八世会愿意用他的半个王国换取现代的下水管道、终身供应的青霉素还有互联网。

这样的趋势会持续下去吗？没有人能说得准，就像没有人知道地球是否会在10年后被外星人入侵一样。但我们可以进行一些有理有据的猜测，我们所知道的是，除了一些小小的起伏，在过去的200年里，经济一直在持续增长，并且这样的增长还在不断加速，到现在都没有减弱的势头。我们还知道，所有这些增长都是由技术进步推动的。所以，我们可以合理推测，社会之所以还在不断加速发展，是技术还在不断完善，并且每一个新创意都会激发新创意的产生。回过头来我们再看看克雷默教授的观点：财富的增加可以让社会供养更多的人口，这些人口反过来又会找到更多创造财富的新方法，因此我们有充分的理由保持乐观的态度。

怀疑论者很容易就能指出：地球上还存在着一些人口众多，但经济状况却十分糟糕的国家。这种情况也并非不可能，虽然这些国家在人口规模上具有天然优势，也就是拥有更多的天才和更丰富的贸易伙伴，但这些资源却被政府政策削弱了。政府政策没有为人们的创造力提供合理的回报，还限制了交易机会。当人口增长的优势消失时，就只剩下劣势了[1]。

这还不是全部，除了经济繁荣，人口众多还会带来许多其他好处。比如，我们不仅会将周围人视为潜在的贸易伙伴，还会将其视为潜在的朋友和配偶，他们会给我们带来精神上的慰藉。我们重视孩子的原因与他们的收入能力没有多大关系，只是因为他们是孩子。很多人更喜欢纽约而不是蒙大拿，更喜欢加尔各答而不是其周围的乡村，因为人是社会性动物，生活在人群中对人来说好处更多。

一个拥有更多人口的世界也会是一个更加多样化的世界。室内音乐会、帆伞运动和埃塞俄比亚餐馆只有在人口足够多的地方才能存在。在一个人口较少的世界里，这本书可能根本没有机会出版，因为没有足够多的读者购买（请别笑话我）。

住在曼哈顿或者底特律的人可能会抱怨人群拥挤，但只要他们还留在曼哈顿或者底特律，我们就不用认真对待他们的抱怨。美国有很多人口稀少的地区，任何人都可以搬到那里，但却很少有人会真的这样做。曼哈顿人会告诉你他们留在曼哈顿是因为这里有剧院、交响乐或工作机会……但这只是他们留在曼哈顿的另一种说法，真正的原因其实是：曼哈顿很拥挤。

这些都是人口增长带来的巨大好处。更重要的是，这些好处都具有溢出效应。所以，当我决定要孩子时，你也可以因此成为赢家。为了确定地球是人口过多还是过少，我们需要在溢出效应的效益与成本之间进行权衡。

首先，让我们了解清楚那些不会溢出的效益和成本。我女

---

[1] 也有人认为，个别国家的人口规模不是该研究的相关变量。因为在一个地方发明的任何一种东西都很容易传到另一个地方。所以，研究世界人口规模更重要。

儿出生的那天，我家的人均收入下降了1/3（因为现在的家庭总收入是由3个人而不是2个人分享）。如果这一成本没有任何效益来抵消，那么女儿出生那天可能是我一生中最糟糕的日子之一。相反，它是我一生中最好的日子。事实上，经济学家彼得·鲍尔曾经指出，如果只以人均收入作为衡量人类幸福的唯一标准，那么农场中牲畜的出生将是一种祝福，而孩子的出生将是一种诅咒。

尽管这些私人的（非溢出）成本和效益很大，但它们与全球性的人口问题无关。因为人们在考虑是否生养小孩时，已经对这些成本和效益做出了充分的考虑。事实确实如此，单个家庭的规模大小对经济状况的变化相当敏感。在世界各地，每当教育的经济回报增加时，单个家庭的规模就会缩小，以便父母能够负担得起孩子的教育。这就解释了为什么在19世纪，拥有七八个孩子的家庭很常见，而在今天却很罕见。在世界各地，儿童死亡率的下降与生育率的下降有一定关联。换句话说，如果你想让孩子们更有机会长大成人，你就得少生孩子。这也表明，大多数孩子其实是"选择"的产物，而非"偶然"的产物。

奥地利政府曾在较小范围内进行了一次真正的控制实验。在奥地利，产妇在生下第一胎后有权享受1年的育儿假，并且在此期间，每月都能收到一笔政府的补贴。1990年，奥地利放宽了这一政策，允许产妇在生完二胎后也可以享受1年育儿假，前提是在第一个孩子出生后2年内就生育二胎。

这个改变很突然。如果你的第一个孩子是在1990年6月出生的，你就得按老规矩办事；如果你的第一个孩子是在1990年7月出生的，那么你就可以遵照新规矩。这项改革最早是在1989年

11月被提出的，也就是说，直到1990年7月开始执行，中间只有八九个月的时间，而"怀胎十月"。对很多想按照新要求安排生育计划的人来说，时间根本不够用。因此我们假定，作为奥地利政府的实验参与者，人们的行为并未受到主观影响，依然是客观的。

结果是，与1990年6月份第一次生产的母亲相比，1990年7月份第一次生产的母亲在2年内生第2个孩子的可能性高出了15%。10年过去了，后者仍然拥有更多的孩子。换句话说，人们本能地会对各种激励措施做出反应，即使该激励并不多（奥地利政府的补贴相当于每月350美元）。这意味着无论自己是否意识到了这一点，人们对于成本和效益相当敏感。

如果我说我想要一个孩子，你可能会认为我已经为自己需要付出的养育成本做好了准备，无论付出多少，我都认为这一切是值得的。想必你的父母对你也有同样的感觉，否则你不会在这里。最重要的是，还有由溢出效应带来的效益，你的出生（就像我女儿一样）为世界贡献了更多的想法、多样性和爱。但这并不意味着世界应该为我或你父母的生育能力鼓掌，我们仍然需要考虑养育孩子需要承担的溢出成本。

但要注意，人们很容易混淆哪些效益和成本会溢出，哪些不会。以资源消耗为例，在你的一生中，你需要索取世界上的食物、石油、土地和其他资源。你可能会认为，通过索取这些资源，你让周围的人变得更贫穷了，但这不对。请思考一下你是如何获取这些资源的。有些是你生产的（比如种苹果），这肯定不会让其他人变穷；有些你是交换得来的，这也不会让其他人变穷（你可能从我这里拿走了一个苹果或一加仑汽油，但我得到了更珍视的东西作为回报）；剩下还有一部分资源是你继承的，只有这时候你才让别人的资源份额减少了，但是你并非从整个人类那里继承资源，而是你的父母、祖辈，也就是说，你只会让你的兄弟姐妹的资源变少。

这是一个关键点，但经常被忽略。当人们想到人口过剩时，通常会想：如果我没有出生，其他人就能分到一块稍微大一点的蛋糕。事实上，如果我没有出生，只有我的两个姐妹会享受到更大一点的蛋糕，其他人的蛋糕大小和现在差不多。

这一简单的结果表明，每个家庭都可以选择自己的人口增长率，而且在大多数情况下，没有哪个家庭会因为其他家庭的人口增长变得更贫穷，除非它选择如此。如果你和我每人拥有1000英亩（约4046854平方米）土地，我的家族人口每代都增加一倍，而你的家族人口保持不变，10代之后，我的后代每人将拥有不到1英亩（约4047平方米）土地，而你的后代独自拥有1000英亩土地。也就是说，我的家庭高生育率的代价与你的家庭无关。

当然也有例外。如果我的家族变得过于庞大，无法养活新增人口，我的家族可能会向你的家族开战，夺取土地。这是一种溢出成本，你可能会产生一些合理的担忧。如果我是一个小偷或者一个污染者，你可能会希望我从未出生，因为我会增加整个社会的溢出成本。但幸运的是，大多数人依靠侵占、盗窃只能获得一小部分资源。所以，除非你是上述这样极少数的特殊人群，大部分人对资源的消耗都不会带来溢出成本。

有些家庭希望能有富裕的后代，有些家庭希望后代人数越多越好，每种选择都无可厚非。只要每个家庭的选择互不影响，就不会造成政策制定上的难点，我们只用颂扬一个多样性的社会即可。

托马斯·马尔萨斯是科学家中最悲观的一位，他曾用一个悲观的预言迎接19世纪的到来：人口增长失控将不可避免地导致大规模饥荒和人类苦难。这个预言为什么不对？事实证明，马尔萨斯不是犯了一个大错，而是犯了两个大错：他错误地计算了人口增长带来的效益，也错误地计算了由此带来的成本。

在效益方面，马尔萨斯未能预见到在他看来令人震惊的人口增长将推动技术进步，使粮食生产以几何级的速度不断增长。在成本方面，他没有意识到每个家庭都可以自由选择自己的人口增长率，根据食品供应的多少调节家庭人口数量。所以，理论上没有家庭会因为人口增长被迫陷入贫困，除非他们选择如此。

你可能认为过度拥挤是人口增长的溢出成本，但事实上过度拥挤根本不是成本，它是完全自愿的。除非你愿意，否则你不必住在拥挤的地方。你可以享受纽约这样的人口中心带来的福利，也可以享受弗吉尼亚乡村的宁静和广阔空间。只要你愿意，这两个选项都会为你打开大门。如果消灭掉纽约的拥挤，你所做的只是消灭掉了自己的一个选择而已。

芝加哥人可以自由地搬到内布拉斯加州居住，加尔各答人可以自由地搬到乡下，但他们没有这样做。原因是尽管他们抱怨拥挤，但实际上他们更喜欢人群。如果不是因为人们高度重视人群所在，为什么曼哈顿的租金会这么高？在最近的一项调查中，有37%的纽约人表示，如果可以，他们会离开这座城市。他们当然可以选择搬走，但他们中没有一个人会真正离开纽约。那么唯一正确的结论是，这37%的纽约人对民意调查机构撒谎了，但他们不会承认这一点。

拥挤不是问题，因为如果你不喜欢人群，可以离开。我知道世界上有很多人，但我不是第一个发现，如果把世界上所有的人用合适的方式摞起来，科罗拉多大峡谷就可以装得下。如果你不喜欢我刚刚描述的场景，那么试试这个，这是我从经济学家托马斯·索维尔那里得到的：以得克萨斯州为例，我们把它分成若干个5000平方英尺（约465平方米）的小块，在每个小块上盖一栋房子，然后在每栋房子里安置一个四口之家，这样就可以容纳整个世界的人口。

许多其他看起来明显的溢出成本也都是假的。例如，你可能认为，当你抬高了汽车价格或申请到了一份我希望得到的工作时，你的行为让我的利益受到了损害，需要承担一定的成本。但这并不是真正的溢出成本，因为它们是与之相互抵消的溢出效益打包在一起的。当汽车价格上涨时，卖家的效益和买家的损失一样多。如果事实证明你是一个比我能力更强的应聘者，那么我的损失（失业）就是雇主（和他的客户）的效益。

爱杞人忧天的人总会问一些错误的问题。比如：地球能养活多少人？这个问题很不恰当，因为地球并不是一个决策者，无法给出答案。你没必要担心地球能养活多少人，你只用关注你在地球上获得的那份资源可以养活多少人口，并相应地调整你的家庭人口即可。如果其他人决定多生孩子，把自己的那份资源的每一份变得更小，只有爱管闲事的人才会抗议他的做法。

这样的问题还有：当石油（或其他不可再生资源）耗尽时，我们该怎么办？这是另一个不恰当的问题，因为它错误地假设了我们使用石油会导致周围人没有石油可用，即我们给其他人带来了成本，而不是我们自己。在一个没有其他人的世界里，这个问题就会消失。《鲁滨逊漂流记》中的鲁滨逊永远不会过度使用他的汽油，他可能希望自己有更多的汽油，但考虑到他当下拥有的汽油总量，他会精打细算，决定现在用多少汽油，给未来存多少汽油，最终做出最好的决定。

如果鲁滨逊有孩子，还需要考虑他的子孙，情况也是一样的。他每烧一加仑汽油，他的子孙就会少一加仑汽油。所以，当他做出用不用的决定时，已经考虑到了所有该考虑的问题。

如果岛上有很多家庭，这时鲁滨逊仍然只关心自己的家庭可以吗？没有问题，原因和之前一样。鲁滨逊的家庭拥有汽油或其他资产，其他家庭也会有各自的资产，每个家庭都会依据自己的情况做出决定，例如是否交换或者储存汽油，以什么价格交换……这些决定仍然没有必要相互影响。

如果你担心家里没有足够的汽油，那么你可以相应地减少家庭人口。如果你认为其他人忽视了即将到来的灾难，也不必为此忧虑。说不定这其实是一个商机，你可以买下一口油井，存储更多的石油，这样你的孩子就会变得富有！如果其他家庭真的不计后果，最终他们会承担自己的错误，而你不会为此付出任何代价。

这里有一个正确的提问方式：你的出生，或者孩子的出生，到底是一种祝福还是诅咒？通过列举所有与他人有关的成本和效益来解决这个问题是毫无希望的，因为你永远不知道自己会忽略什么。在一个交通堵塞的夏天夜晚，你会记得前面的司机给你带来了拥堵成本，但你可能会忘记发明汽车空调的人同时给你带来了凉爽效益。你会记得那个笨手笨脚、拿着优惠券拖慢了所有人结账速度的购物者，但你可能会忘记那个在寒冷的冬夜帮你换轮胎的好心陌生人。纽约人记得抱怨拥挤的人群，却忘了如果没有拥挤的人群，纽约就成了锡达拉皮兹市[1]。

因此，正确的方法不是列出成本和效益的清单，而是重新构想当你的父母决定是否要孩子时，脑子里想的是什么。他们的决定是否带有偏见？他们更有可能少算了成本还是效益？一般来说，父母不太可能忽视太多成本，因为这些成本都集中在自己家庭内部。比如你的出生会转移父母给其他孩子的资源（包括土地等有形资产和父母的关注等无形资产）。换句话说，这些成本只会在家庭内部转移，而不会向其他人溢出。所以，过度拥挤也不是溢出成本，因为过度拥挤是自愿产生的。

再来说说效益。效益就是你的加入增加了世界上思想、爱情、友谊的多样性，由此带来的好处会分散给我们所有人。比如，我很高兴你能读到这本书（如果你掏钱买了这本书，那就更好了！）；如果你制作了一个很好的捕鼠器，你可能会赚到几百万美元；如果你所做的只是微笑，你的微笑仍然会给成千上万的人带来愉悦。这些效益举不胜举，但我知道，其中很多都会蔓延到完全陌生的人身上，而你的父母在当时可能不会考虑那么多。

所以，当你的父母决定是否把你带到这个世界上时，他们权衡了大部分成本和一小部分效益，但他们仍然选择生下你！从更广泛的社会角度来看，在权衡了所有成本和效益后，你的存在一定是一个相当划算的事情。

同样的理由适用于大多数孩子，除了小偷、抢劫犯等，因为他们让成本溢出到了家庭之外。

当决策者更关注成本而非效益时，往往会做出相对保守的决策。这意味着父母生育的孩子比社会期望的要少，因此人口

---

[1] 锡达拉皮兹市位于美国爱荷华州东部，是爱荷华州第二大城市。

增长还是太慢了。

人口增长问题就像环境污染问题的反面。一家污染严重的钢铁厂的老板会将其所有效益（利润）与部分成本（自己承担的支出，但不包括周围人因污染而受到的健康损害）进行权衡，所以他会过度生产。父母在决定是否生孩子时，权衡了所有，至少大部分由孩子带来的成本（其他孩子被转移的资源）与一部分效益（自己对孩子的爱，但不包括他人对孩子的爱），所以最终导致他们"生产"不足。

换句话说，当其他人生育更多的孩子时，我们也能享受到更多的好处。这些孩子可能会让你的生活变得更加丰富，而抚养工作则全部由其他人完成。这意味着我们需要资助那些愿意生育的家庭。如果没有他们，我们人口数量就会变少。正如如果没有适当的罚款或税收，环境污染就会越来越严重。

在世界上的某个地方，有一位年轻的女士，由于我没能生下一个有一天会与她陷入爱河的儿子，她的生活受到了影响。如果我像关心我的女儿一样关心那位年轻女士，我就会生下一个儿子。但是，我认为别人的孩子没有自己的孩子重要，所以我很早就停止了生育。

当我限制我的家庭人口规模时，我是自私的。我能理解这样的个人自私行为的存在，但我不能理解为什么会有人鼓励他人变得自私，而这不正是人口零增长组织（现更名为人口联合组织）正在做的吗？我还是认为，补贴生育的方法对我们来说更有意义。一个人口众多的世界不仅仅是一个更加繁荣的世界，还是一个能够为我们提供更多趣味相投的朋友、更多陌生人之间的小善举，以及更多爱情机会的世界。这才是我们应该为孩子创造的世界。

三 守财奴的妙处

我喜欢埃比尼泽·斯克鲁奇[1]的原因是：他简陋的住所昏暗无比，因为点灯需要花钱；而且他的房子里几乎没有暖气，因为煤可不是免费的；他晚餐吃的稀粥是自己做的。斯克鲁奇没有花一分钱雇用他人侍候自己。

斯克鲁奇被称为"守财奴"，我想说这是一个不公正的指责。还有什么比让自己的灯不亮、盘子不满，但留下更多燃料、更多食物给别人更慷慨的呢？还有什么比自己从来不雇用仆人，以便邻居可以更方便地雇用到想要的仆人更仁慈的呢？可能实际情况会更复杂，比如当斯克鲁奇减少生火用的煤时，矿工们只需从地下挖出更少的煤就可以满足社会的需要。并且，这样一来，一些本不想成为矿工的人就不用再为守财奴挖煤了，他们可以自由地为自己或其他人提供更多服务。

---

[1] 查尔斯·狄更斯笔下著名的守财奴。

狄更斯在他的故事里还描述了市长大人的生活。市长大人在他那像宫殿一样的豪宅里举办了一场奢华的圣诞宴会，他命令50个厨师和管家好好服务这一屋子的客人，要让他们宾至如归。最后，客人们都大肆赞扬市长大人的慷慨。但其实，建造市长大人的这一所豪宅所用的砖块、水泥和劳动力本来可以建造出数百人的住房。相较而言，斯克鲁奇只是住在一个有三间房的简陋屋子里，并没有使任何人失去拥有住房的机会。并且，因为没有雇用厨师或管家，这样就有了更多的厨师和管家提供给其他家庭，但这些家庭的客人却不知道他们欠了埃比尼泽·斯克鲁奇的人情。

在这个世界上，没有比守财奴更慷慨的人了。他们明明可以消耗世界上的资源，但却没有这么做。吝啬和慈善之间唯一的区别是，慈善家的慈善行为只能帮到少数人，而守财奴则会把他的慷慨传播得更远、更广。

如果你选择自己盖一栋房子而不是花钱买一栋房子，那么世界就富余一栋房子。如果你赚了一美元却不花它，那么世界上也将富余一美元。

富余出来的房子或者钱都去哪里了？会带来什么影响？那就要看守财奴怎么储蓄了。要是他将一美元存在银行里，那么银行的利率会降得更低，可以让某个地方的某个人负担得起一次额外的度假服务或家庭装修费用。要是他把这一美元放在床垫里（通过有效地减少狭义货币供应量），将降低物价，让某个地方的某个人可以在晚餐时多喝一杯咖啡。

斯克鲁奇无疑是个精明的投资者，他把钱借出去收取利息。与他齐名的守财奴麦克老鸭就更传统了，他把钱都储存在金库里，自己甚至可以在上面打滚。不管怎样，斯克鲁奇降低了社会平均利率，麦克老鸭降低了社会平均物价。所以，每一个守财奴都让周围人的生活变得更好了，就像那位邀请整个镇上的人吃圣诞大餐的市长一样。

这是一个简单的算术法则：如果斯克鲁奇吃得少，其他人就可以得到更多的食物。

这也是一个简单的经济学定律：如果没有人想要额外的食物，那么无论是价格还是利率都会自发调整，直到供给与需求重新平衡，也就是有人想要这份额外的食物。

反驳经济学定律没有什么用，反驳算术法则也毫无意义。但当我第一次发表为斯克鲁奇辩护的文章时，这样做的读者并不少。他们的论点是这样的：假如斯克鲁奇有一箱金子，但他不肯花。同时，他的邻居卡斯伯特正在挨饿。如果斯克鲁奇愿意雇用卡斯伯特服侍他，那么卡斯伯特就会得到金子，他可以用金子去换一只火鸡。所以，只有更多的斯克鲁奇开始花钱，更多的卡斯伯特才能吃到东西。但他们忽略了一点：卡斯伯特的火鸡从何而来。它肯定不会来自斯克鲁奇，斯克鲁奇根本不可能送卡斯伯特火鸡。假如这只火鸡来自另一个邻居，我们叫他埃格蒙特。

那么，是什么说服埃格蒙特将他的火鸡给卡斯伯特的？这取决于当地银行和商业系统的具体情况，最有可能的故事是：当卡斯伯特去买火鸡时，店主注意到愿意买火鸡的人比火鸡还多，所以他提高了火鸡的价格，并且不断提价，直到像埃格蒙特这样的人因为买不起而放弃。

还有可能是家禽价格上涨，促使农场主阿德尔伯特饲养了更多的火鸡。但是，饲养这些火鸡的劳动力和饲料却不够用了，于是就导致有些人买不到火鸡。

不可回避的一点是，卡斯伯特的火鸡不可能凭空出现，而且不可能来自斯克鲁奇。这意味着它必须来自其他人。有一位读者跟我说："守财奴囤积的黄金明明可以喂饱煤矿工人饥饿的孩子，但他们却没有这样做。"不，实际上不可能，黄金里面蛋白质、碳水化合物、脂肪和其他人体必需的营养素含量相当低（尽管它可能含有一些膳食纤维）。我们只能用黄金换取食物，但这样其他人就吃不上某些食物了。这位读者无视了这部分现实，痛斥斯克鲁奇"将资本从经济发展中移除，让那些本可以从资本流转中受益的人挨饿"。从经济中移除资本！多么时髦的说法，但是不认真思考实际情况，只是随意抛出看起来时髦的术语真是太不负责任了。斯克鲁奇是个讨人厌的家伙吗？是的，他一点也不在乎他的自我节制是否会给其他人留下更多的东西，但他确实给其他人留下了更多的东西，这才是最重要的。

斯克鲁奇自私吗？当然不。他只是悭吝，这完全是两回事。自私是想从世界索取更大份额的资源，而悭吝则是索取更少的资源。所以，世上没有自私的守财奴。

斯克鲁奇仁慈吗？是也不是。仁慈意味着自己消耗得更少，以便他人能拥有更多。但是斯克鲁奇消耗得太少了，他已经达到了自己慈善的极限。另外，如果他不打算吃东西，而是把食物送给另一个人，那么就会有其他人因此吃不到这种食物。

1848年，在旧金山附近的萨特磨坊区域发现了黄金矿石。接下来的几年里，多达30万淘金者移居西部寻找财富，他们当中大部分都是雄心勃勃的年轻人，而当时美国40岁以下的成年男子只有300万。

只要这些雄心勃勃的年轻人还在挖掘金矿,他们就无法经营农场、管理超市或者创业。比起淘金,这些行为明显对经济发展更有利。如果考虑到这一点对经济发展的破坏,加州淘金热甚至可以相当于一场大规模对外战争。

有些矿工可能因此发了财,但没有一个矿工真正具有社会生产力。充其量他们只是发现了大量黄金,但黄金几乎没有任何社会价值。比如黄金不能直接用于充饥,不只是我的那位读者,没有任何人,包括饥饿的孩子,可以吃黄金。除了用来镶牙或制作漂亮的珠宝,我们没办法用黄金做很多富有生产力的事情。对于一个社会来说,把这么多有生产力的工人分配到这种没有生产效益的活动中是疯狂的——几乎与把世界上一半的18岁年轻人送到喝啤酒、玩飞盘的大学中待上整整4年一样疯狂。不过比起19世纪的祖先,我们现在的社会更能承担这种奢侈的行为。

这世界上有两种方法可以致富。你可以自己创造新的财富,也可以夺取别人的财富。淘金的矿工几乎没有创造任何财富,但他最终却变得富有。那么,他拿走的是谁的财富?他一点一滴地从其他拥有黄金的人那里窃取了财富。通过增加社会上黄金的供应,他非常轻微地压低了黄金的价格。将这个微小的价格损失乘以那些拥有数百万金块或黄金首饰的人们的数量,就是矿工财富的真正来源。

没有淘到金子的矿工不会变得富有,但也不会让周围人付出任何代价;成功淘到金子的矿工虽然自己变得富有了,却让周围的人损失了一大笔财富。从整个社会的角度来看,两者同样悲惨。

今天,另一项活动代替了淘金——得州扑克,这是另一种存在潜在暴利，但对社会无用的活动（除非玩家或观众都很开心）。在得州扑克中，除非别人输了，否则你不可能赢。得州扑克与淘金唯一的区别是，得州扑克的玩家是以牺牲其他玩家的利益为代价致富的，而矿工则是以牺牲世界各地拥有黄金的人们的利益为代价致富的。

如果世界上有10%的人口全职玩扑克，世界将变得更加贫穷。幸运的是，这一场景不会发生。一般的扑克玩家根本赢不了，这自然会阻碍他们进入这个行业。但普通矿工却可以相当成功，至少在几十万矿工与他们竞争之前是如此。因此，淘金热可以迅速增长，而扑克热的蔓延则受到了限制。但它们都在一定范围内造成了社会灾难。

金矿里的黄金和金库里的黄金一样，在被开采出来并花掉之前，都是无害的。

开采金矿很像污染环境，都是将无害的物质转化为有害的物质。也就是说，价格上涨对每个人都有害（事实上，开采金矿可能比污染环境更糟糕，至少环境污染通常是生产有用的东西的副产品）。所以，阻止淘金热是明智的，也许几个世纪前黄金开采就应该被征税。

守财奴就像是矿工的反面——不管矿工挖出什么，守财奴都会将它重新埋回地里。因此，如果矿工应该被征税，那么守财奴就应该得到补贴。节约是一种慈善，税收系统应该认识到这一点。如果慈善捐赠有税收减免，那么节约同样应该有税收减免。你赚到钱却不花，无论是把钱送出去（捐赠）还是存起来（储蓄），它们都是对社会的贡献。

当然了，总会有一些爱多管闲事的人想要说服你花光储蓄，比如，他们可能会对你的收入进行征税。这时候，个人退休金账户就体现出它的真正意义了：只要你向里面存钱（也就是说，只要你让别人享受你的劳动成果），它就会保护你的收入不被征税，但也仅此而已。

伟大的艺术家有时可能没有意识到自己创作中蕴藏的深刻含义。尽管狄更斯可能没有意识到，但《圣诞颂歌》最主要的寓意应该是：个人退休金账户存款不应受到任何限制，这一点与税收制对储蓄的鼓励，以及促进经济增长的目标不矛盾。

如果圣诞节是一个颂扬慷慨无私的节日，那么圣诞节最伟大的吉祥物之一应该是埃比尼泽·斯克鲁奇——准确地说，应该是过去的斯克鲁奇，而不是故事里后来洗心革面的斯克鲁奇。真正需要洗心革面的是税收系统，而不是守财奴。

四 镜子镜子，谁是世界上最漂亮的人

诗人叶芝曾宣称："我清楚美貌能带来的所有回报。"

但现代计量经济学家知道得更为精确：在控制了教育和工作经验两项因素后，漂亮的人（实验小组成员在评判了一系列照片后评为"漂亮"的人）比其他样貌普通的人多赚了5%左右。

正如美丽会得到奖赏，丑陋也会受到惩罚。长相丑陋的女人，她们的收入比普通女人低5%左右；长相丑陋的男人的收入比普通男人低10%左右。也就是说，市场对缺乏吸引力的男性的惩罚更为严厉。

在一定程度上，这是因为样貌丑陋的女性倾向于完全退出劳动力市场，所以这部分女性不会被计入统计数据。事实上，最丑的已婚女性（长相水平最低的6%的女性）找到工作的可能性比其他女性低8%。这是一个相当大的影响，但也只能部分解释工资的性别差异。

而在男性职业生涯的每个阶段，长相问题都困扰着他们。长得好看的男人会得到更多的工作机会、更高的起薪和更多的加薪。对于女性来说，漂亮的外表会带来更多的加薪，但通常不会带来更好的工作机会或更高的起薪。

这并不是说女性在职场上更容易。样貌丑陋的女性在劳动力市场上可能不会像样貌丑陋的男性那样痛苦，但她们在婚恋市场上的情况则要糟糕得多。最丑的女人一般吸引到的是素质最低的丈夫（以教育成就或收入潜力衡量）。然而，这种影响并不对称。最漂亮的女性在婚恋市场上的表现并不比平均水平好。而对于男人来说，外表似乎根本不会影响他们的婚恋前景。

在劳动力市场上，男性会因丑陋遭受更多的痛苦。女性（特别是白人女性）会因肥胖遭受更多的痛苦。体重超标65磅通常会使白人女性的工资损失7%。换句话说，如果你是一名严重超重的白人女性，减重65磅很可能很快就能带来回报，相当于多上一年大学或多获得三年工作经验。而对于男性和黑人女性来说，体重对工资几乎没有影响。

但这些都不能直接证明魅力（或苗条的身材）能带来成功，也许因果关系恰恰相反。高收入者可以负担得起更好的化妆品、医疗保健和整形手术。同时，他们也有更强的自信心，这可以带来更好的仪容仪表和饮食习惯。

但这些因素对成功的影响似乎很小。首先，不管化妆品销售们是如何说服你的，化妆品能带来的美容效果是有限的。其次，工资和外表之间的相关性在年轻人中最强，从年老组的数据来看，他们似乎最不可能享受到医疗保健和整形手术的好处。即便如此，这也并不意味着外表的吸引力会直接带来成功，也许还有第三个因素——比如良好的基因或良好的教养,或者两者兼具。但是即使控制了家庭背景和教养的因素,成功和外表之间的相关性依然存在,所以这个分析还需深入。

可能漂亮的外表真的会带来成功,有些原因是显而易见的。比如某些高薪职业(如时装模特或爱情片演员)只对最漂亮的人开放。但这并不能解释为什么漂亮的汽车修理工比相貌平平的汽车修理工挣得多,漂亮的老师也比相貌平平的老师挣得多。

也许这只是因为雇主会为漂亮的员工支付额外的奖金,因为老板看着漂亮的员工也会心生欢喜。但如果这是真的,那么漂亮的人就会被平等地分配到所有职业中。与之相反,他们大部分都集中在零售销售和其他需要跟客户大量接触的工作中。当你走进当地的家得宝时,可以对比看看收银员与仓库人员的颜值。或者去当地的超市看看,一般那里的收银员都非常漂亮,我的一位同事调侃说,他终于知道了为什么要管"收银台"叫"收银台",漂亮的收银员确实会吸引客户,从而收到更多的钱。显然,老板雇用漂亮的员工并不是为了自己的审美愉悦,而是为了吸引客户。

漂亮是有好处,但个子高更有好处。如果你身高6英尺,那么你可能会比隔壁办公室同样资历的5英尺6英寸的人每年多赚6000美元。一般来说,在控制了教育和经验因素后,身高每增加1英寸,年薪就会增加大约1000美元。这使得身高与种族和性别一样,成了决定工资高低的重要因素。身高溢价对女性和男性的影响差不多。即使在女性同卵双胞胎中(她们的身高差异可能比你想象的要大),平均而言,身高较高的姐妹会比较矮的姐妹挣得多得多。

身高不仅对工资很重要，对职位晋升也很重要。我曾在一家中型公司的董事会任职，在去工厂参观时，我经常会错过一半以上的景象，因为我的视野都被我的高个子同僚们挡住了。他们可不像我，大多都在商界取得了相当大的成功。在43位美国总统中，只有5位总统的身高比平均身高略低，距今最近的是1888年当选美国总统的本杰明·哈里森（另外只有吉米·卡特的身高比平均水平低一点点）。大多数总统都比他们那个时代的标准身高高出几英寸，最高的5个人是亚伯拉罕·林肯、林登·贝恩斯·约翰逊、比尔·克林顿、托马斯·杰斐逊和富兰克林·罗斯福。顺便说一句，这个身高不仅预示着选举成功，还有可能预示着此人有颠覆宪法的倾向（一项专门统计异常现象的工作发现：最矮的美国总统是詹姆斯·麦迪逊，宪法主要是由他起草的，而他起草的内容几乎被比他高的后来者们破坏殆尽）。

马尔科姆·格拉德威尔在他的畅销书《眨眼之间》（*Blink: The Power of Thinking Without Thinking*）中解释道："我们看到一个高个子就会为其倾倒。"换句话说就是，高个子赚得更多，因为我们会对他们另眼相看。然而事实上，这是大错特错，我们对他们另眼相看其实与他们的身高无关。

说到这里你可能开始觉得我们永远没办法弄明白这一点了，但我们确实研究清楚了。这要归功于宾夕法尼亚大学聪明的经济学家，他们发现了关键性证据：高中时身材矮小，但成年后变成高个子的男人赚得和矮个子男人一样多，而高中时身材高大（相对于他们的年龄来说），成年后则相对较矮的男人，成年后赚得和高个子男人一样多。

这在很大程度上排除了身高是影响工资水平的因素之一。

很难想象雇主如何或为何要了解一个人过去的身高。身材高大的青少年（即使他们过早停止了生长）长大后成为高薪员工，可能是因为他们拥有雇主看重的其他特质，比如自信。身材高大的高中生学会了扮演领导者的角色，即使长大后的他们身材不再高大，但这种思维习惯却会持续下去。为什么青少年时期的自信如此重要？也许部分原因是自信一旦建立，就会持续一生。但也有部分原因是，一个有自信的孩子更有可能参加社团、俱乐部和社会组织，在那里他可以学会与人交往，这显然是非常有价值的。宾夕法尼亚大学经济学家的报告称，在控制了年龄、身高、地区和家庭背景等因素后，积极参加竞技体育活动的员工工资比普通员工多11.4%；参加除了竞技体育以外的俱乐部的员工可以多获得5.1%的工资。这些因素可以部分解释青少年时期个头高对未来工资的影响。

或者因果关系是反过来的：也许不是高自信导致了青少年愿意参加国际象棋俱乐部，而是在国际象棋俱乐部的成功培养了他们的自信。我们所知道的是，个子较矮的孩子倾向于避免参加课外活动，而这些活动显然与日后人生的成功有关。

林肯能够解放黑奴，克林顿敢于对大陪审团撒谎，是因为他们在青少年时期就足够自信，自己的身高可以掌控全局吗？也许吧，但自信并不是身高带来的唯一优势，聪慧是另一个。

高个子的人更聪明（当然是平均而言）。多年来，我们从各个年龄段的多项研究中了解到这一点。即使是学龄前儿童，高个子儿童在标准化考试中的分数也比同龄人高。除非标准化考试的内容是独立日大游行中只有高个子才能看到的场景，否则这可能真的意味着高个子的孩子更聪明。最近，两位非常聪明（而且相当高）的普林斯顿经济学家认为，智力上的差异可能足以解释身高与工资之间的相关性。如果这一切都与大脑有关，那么为什么青少年的身高比成年人的身高更能预测工资？普林斯顿大学的经济学家认为，这是因为青少年的身高比成年人的身高更能预测智力。聪明的人不仅更高，他们的生长加速得也更早。如果你16岁时身高5英尺4英寸，33岁时身高6英尺，那么，你可能不如16岁时已经身高6英尺然后停止生长的人聪明，这似乎就是你挣得少的全部原因。

漂亮的人可以得到最好的工作、最优秀的伴侣、最多的关注，而我们只能选择他们剩下的。但是，我们自己也觉得漂亮的人可真好看啊！当一个特别漂亮的人进入公共视野时，你可能会感到一种矛盾的情绪：他们的美貌对你来说既是一种快乐，也是一种困扰。

也许你根本不会产生矛盾的情绪。比如当维罗妮卡打扮得颠倒众生，出现在舞会上时，阿奇很高兴，贝蒂却很沮丧，但没有人有矛盾的情绪。

把阿奇的效益和贝蒂的成本进行净额结算之后，我们就能知道维罗妮卡的美貌是"净化"还是"污染"了我们的生活。如果是前者，那么我们可以主张对美貌进行补贴（要么直接向公共广场上最漂亮的人发放现金，要么间接地对化妆品和整形手术减免赋税）。但如果是后者，那么也许我们应该通过税收抑制美貌（或提升美貌的产品）。

到底应该补贴美貌还是对其征税？答案部分取决于男人在乎什么，部分取决于女人在乎什么，部分取决于女人之间的差异有多大[1]。这里有一个思想实验：假设女人在乎自己的外表，因为男人只接受他认为最漂亮的女人[2]，那么没有希望击败竞争对手的女人可能就会彻底放弃这场游戏。如果贝蒂知道维罗妮卡会让她黯然失色，那她为什么还要花一整天的时间待在美发店呢？

既然贝蒂在与维罗妮卡的竞争中彻底输了，她就没有动力打扮自己了。这对我们这些仍然需要她的人来说是个坏消息，所以也许我们应该为愿意提升美貌的女性进行补贴，以此增加她的动力[3]。

但是当女性认为她们可以通过外部力量提升美貌度并有机会超越对方时，就产生了另一个问题。如果贝蒂的发型做得比维罗妮卡好，维罗妮卡为了胜过贝蒂就会去修指甲；贝蒂要是做了面部提拉手术，维罗妮卡就会去做抽脂手术……最终，虽然她们都在这一过程中花费了大量资源，但只有一个人能赢得这场竞赛。

在这个过程中，她们都给阿奇带来了溢出利益，给对方带来了溢出成本。根据这些成本和效益抵消后的净影响，我们可以得出这个世界上的美丽是多还是少。根据这一点，我们可以继续讨论是补贴美丽还是对其征税。

这里还有另一个需要考虑的因素。在阿奇选择了维罗妮卡

---

[1] 如果不说明具体的性别，根本无法进行这一讨论。所以，如果你不喜欢我选择性别举例，你可以随时把文中的男性和女性进行互换。

[2] 读者们没有必要为此发送电子邮件通知我，我知道这个例子有多偏离现实。

[3] 或者我们可以惩罚丑陋。20世纪70年代，我刚到芝加哥大学上学时，发现了一项成文规定：禁止有碍观瞻或令人厌恶的人进入公共场所。在那个年代，年轻人看起来邋里邋遢、随意潇洒得像生活在图书馆地下室还不是一种时髦。对这项规定的严格执行几乎轻易就能减少整个芝加哥的学生数量。

之后，他更愿意看到贝蒂变漂亮还是变丑？也就是说，下面两个选项哪一个更重要：有很多漂亮的女孩，还是自己可以选择其中最漂亮的女孩？

贝蒂的美容计划对与她竞争的女人来说要付出很多成本，却对看到她的男人有益，也可能对那些想炫耀他们好不容易挑选到的美丽妻子或女友的男人来说有所损失。随着成本和效益向各个方向四溢，我们很难判断究竟什么才算正确的政策。

如果美貌可以引发一场具有破坏性的竞赛，那么财富或其他各种引人注目的事物也可以。其实，这一发现和"攀比"一词一样，古已有之。如果每个人的目标都是比另一个人更富有，那么你和我（就像美容院的贝蒂和维罗妮卡）就可以在相互竞争中逐渐成为所住街区最富有的人。

这可能吗？其实这取决于人们关心的是什么。是富有本身，还是只是比周围人更富有？如果人们关心的是财富本身，就不会产生公共水源问题。每个人都各自决定要努力工作的程度并接受其带来的后果。但是，如果人们在乎的只是自己在社会中的地位，那么你我的辛勤努力最终会相互抵消、毫无意义。就像两位邻居用吹叶机把自家草坪上的落叶吹到对方草坪上一样，忙活了大半天，最终一无所获。

我们还应该关注比拼财富的反面——比穷。我更愿意做街区最穷的人，因为我周围的人越富有，他就会举办越豪华的派对，也越容易说服他请客，带我一起去拉斯维加斯度周末。而且，他越是炫耀自己的财富，我就越不用担心窃贼会来我家偷东西。

大多数（但不是全部）经济学家一直认为：绝对财富绝对

重要；相对财富和地位相对不重要。非经济学家对此一直嗤之以鼻，对于嘲笑者来说，他们认为即使现代注册会计师的收入（按实际价值计算）高得惊人，但想也想得到，中世纪贵族肯定比现代注册会计师快乐得多。但是，当一件事很容易想象时，往往是因为你没有用足够多的细节填充想象。在这里，缺失的细节可能包括疾病、闭塞和中世纪单调的生活。

那么，到底谁是对的呢？通过比较亨利·都铎为获得英国君主地位所付出的代价，以及赫鲁晓夫为获得苏联总书记所付出的代价，我们可能会一窥究竟。从相对意义上来说，他们获得的奖励是相似的，都是成为一个高度分化社会中的领袖。而从绝对意义上讲，赫鲁晓夫获得的奖励要大得多，因为苏联最低的经济水平也远远超过了都铎王朝时期英国的经济水平。如果相对收入假说是正确的，那么他们两个获得的价值应该大致相当；如果绝对收入假说是正确的，那么赫鲁晓夫应该愿意付出更多代价获得他的领袖地位（虽然可能是以承担更大风险的形式）。

很难将亨利·都铎的风险与赫鲁晓夫的风险进行比较，这种比较太过复杂。到底谁承担的风险更大：是在人均寿命35岁的年代，有30%的概率在战争中死去；还是在平均寿命65岁的时代，有20%的概率死在古拉格集中营？当然了，亨利·都铎和赫鲁晓夫的例子可能太过非典型，导致这一比较无关紧要，但这很可能是一个好的起点。

一个更好的起点是现代的政客，他们的生计就是迎合大众最关心的事情，我想这一点毋庸置疑。在职的政客总喜欢吹嘘当前经济形势一片大好，因为选民们都想借着经济浪潮翻身，即使这浪潮也有可能直接将小船掀翻。

如果人们关心的是相对财富，那么政客们为什么要花大量精力吹嘘他们为绝对财富所做的一切？事实上，如果人们真的关心相对财富，那些政客们可能会说："投我一票吧！我已经上任四年了，经济状况真的很糟糕！"他们会宣传自己将通过拖其他人的后腿，从而让你的财富相对更多。但是你不会支持一个阻碍你的经济状况变好的政客，想必你对自己的经济状况很清楚，并且在投票时也考虑到了这一点。没有政客会以这种方式竞选就证明，人们关注相对财富和地位的理论是不成立的[1]。

怀疑相对财富和地位假说的另一个重要原因是，没有人会赞同关于休闲时间或人身安全的类似理论。你在乎的是假期的真实长短还是你的假期是否比周围人的长？你关心的是你的汽车安全气囊有多好，还是你的安全气囊是否比周围人的好？大多数人都会选择前者。如果我们是这样看待休闲时间和人身安全的，为什么不同样如此看待收入呢？

康奈尔大学的罗伯特·弗兰克是一位坚信相对财富很重要的经济学家，他写了一本名为《奢侈病》（*Luxury Fever*）的书论证他的观点。但我认为奢侈品狂热是一个很难令人信服的证据，我曾写过一篇很长的书评解释其中的原因[2]。不过这本书中包含了很多我欣赏的经济学推理，例如我很欣赏弗兰克教授

---

[1] 这里有一个微妙的区别值得一提。即使你关心相对财富和地位，你可能也会支持未来的经济进步。因为自己变得更富有的乐趣会超过看到其他人也变得更富有的痛苦。如果你认为相对财富和地位很重要，那么当你得知过去经济是在进步时，你会感到沮丧，因为你知道不仅自己享有了经济进步带来的财富，你周围的人也分享了这个好运。

[2] 我的书评发表在《独立评论》（*Independent Review*）中，你可以在http://www.independent.org/pdf/tir/tir_04_2_landsberg.pdf上找到它。

的发现：如果人们关心自己在工作场所的相对地位，那么生产力高的员工应该把生产力低的员工视为一种祝福，而生产力低的员工应该把生产力高的员工视为一种诅咒。因此，工作效率最低的人必须得到更高的报酬（否则他们不会留下来），而工作效率最高的人必须得到更低的报酬（因为他们已经以地位的形式获得了一大部分效益）。

我喜欢这个观点，因为它是从一个谨慎的假设中推出的一个清晰、令人信服、符合逻辑，同时令人惊讶的结果。当然我同时也认为，这个结果显然是错误的。至少在我自己的经验中，招聘决策往往围绕着这个人会提高我们的平均素质吗？我从来没有听说过有人为一位求职者辩护的理由是：他会让我们其他人看起来更优秀。

碰巧的是，也有研究人员在这些问题上提出了同样清晰和令人信服的逻辑，并得出了与罗伯特·弗兰克截然相反的结论。我最喜欢的例子是哈罗德·科尔、乔治·迈拉斯和安德鲁·波斯尔韦特的一篇论文（我称他们三个人的组合为CMP）。

像弗兰克教授一样，CMP假设人们关心相对财富和地位。同时，CMP详细讲述了人们在乎的原因：一个财富和地位相对高的人可以吸引到更好的伴侣。通过仔细严密的逻辑论证，CMP描述了遵循这一假设的世界是如何运行的。他们发现，对配偶的竞争驱使大多数人过度储蓄，而不是（如弗兰克教授所认为的）储蓄过少。年轻人过度储蓄是为了改善自己的前途，老年人过度储蓄则是为了改善子女的前途。如果每个人都能同意少存一点钱，我们的生活都能变得更好：在不改变配偶竞争格局的前提下，我们都会有更多可用于支配的钱。当然，这种过度储蓄对任何一代人来说都代价高昂，但它却能让后代更加富有。

当人们通过储蓄竞争配偶时，富人就会占得先机。因此，CMP表明：收入不平等会随着时间的推移而加剧。但如果不平等变得过于严重，以至于人们失去了改变其相对地位的所有希望，那么过度储蓄的动机就会消失，不平等可能就会开始缩小。

若我们稍微调整一下CMP的假设，就会得出非常有趣的结论。想象一下，你是一位贵族，潜在的配偶不仅关心财富，还关心你将要继承的地位。首先要注意的是，贵族地位往往是不可持续的。因为一位富有但地位低下的男人可以娶一位贫穷但地位高的女人（反之亦然）。换句话说，如果整件事退化成特罗洛普小说中那样，整个社会结构最终会崩溃。因为即使是贫穷且地位低下的家庭，只要他们能在几代人的时间里大量储蓄，就可以进入贵族阶层，从而导致不可避免的社会崩溃。

CMP已经找到了一种让贵族阶层无限期维持下去的方法。如果混合（高地位—低地位）婚姻的孩子会被降级为最低等的贵族，那么这种婚姻关系就可以被有效地阻止。一个想要打破社会障碍（并且关心自己的后代）的地位低下的男人，就必须存足够多钱，为自己和孩子赢得高地位的伴侣。CMP已经证明要想成功，这些社会"反叛者"必须拥有高得令人难以置信的储蓄。这样，贵族阶层才能得以延续。

还有更妙的：想象一下有两个社会——上斯洛博维亚和下斯洛博维亚。这两个社会在经济学家认为重要的所有方面都是相同的，比如它们有着相同的种群、使用相同的技术，它们的人民在所有事情上都有完全相同的偏好。但在上斯洛博维亚，人们靠财富吸引配偶；而在下斯洛博维亚，则靠继承的地位吸引配偶。这两种社会运行方式都可以自我强化，并永远维持下去。但随着时间的推移，这两个社会的生活水平将出现巨大的差异。因为上斯洛博维亚和下斯洛博维亚的人的储蓄动机完全不同，而储蓄是经济增长的双引擎之一（另一个引擎是技术进步，我们假设这在两个社会中是相同的）。随着时间的推移，上斯洛博维亚人会变得越来越富有，而下斯洛博维亚人会变得贫穷。

这个故事的寓意是：社会中的文化标准对人们的生活方式有很大影响。当然，除了经济学家，每个人都知道这一点。但CMP的研究证明了一些新的东西：即便采用了经济学家们对人类行为做出的最简化假设，文化标准依然会对经济增长产生重大影响。

我们可以进一步想象，在某些社会的文化标准中，地位不是由血统决定的，而是由学识、体力、肤色深浅、身高或美貌决定的。显然，在这些社会中，每一个社会都将与其他社会有着完全不同的演变和发展方式。

但是，是什么让这些社会维系了这样的地位区分？根据CMP的说法，部分答案是：一旦建立了文化标准（即使是纯粹随机的原因），社会就可以自我维系。理想情况下，我们希望为这些"纯粹随机的原因"找到一个合理的解释，但我不确定是否有人知道该如何研究这个问题。

五　为什么童工应该存在

戴维·利文斯敦博士是一位非洲探险家、医疗传教士和维多利亚时代的英雄。他在10岁时就开始了自己的职业生涯——在当地的一家棉纺厂工作，每周工作84个小时。对于19世纪20年代的英国孩子来说，这样的成长经历相当典型。

我们可以推测，利文斯敦博士可能会对现代美国大学生感到十分困惑。这些大学生口袋里装着手机，腰间别着苹果随身听，每年交2万美元的学费，只是为了聚集在校园里喝完一桶又一桶的啤酒，随便扔几个飞盘，然后在一年一度抗议第三世界国家使用童工的游行上大声疾呼。

学生抗议者们可能会给处于饥饿边缘的非洲儿童这样的建议：放松，休息，让生活轻松一点。归根结底，抗议者们是通过呼吁限制第三世界国家儿童的工作时间和工作环境来"保护"他们，这就是他们认为应该签署的关于保护第三世界国家儿童的贸易协定的主要内容。但是戴维·利文斯敦可能会给出不同的建议。他曾通过童年时期的劳动赚得了接受医学教育的资金，而且他是真心关心非洲儿童的福利。

第三世界国家的人很穷，他们就像19世纪中叶的英国人和美国人。贫穷意味着他们经常要做出艰难的选择，比如是多工作一会儿还是少吃一点，这两种选择都不轻松。但如果说美国和欧洲的中产阶级抗议者可以做出比非洲和亚洲家庭更明智的选择，那就太傲慢了，因为真正承担选择后果的是这些非洲和亚洲家庭。

事实上，第三世界国家的人做出的选择与美国等其他西方国家的人曾经做出的选择几乎完全相同。在19世纪，当我们的国家还很贫穷时，我们几乎不考虑工作环境，也不会花很多时间和家人在一起。相反，我们长时间、辛苦地在肮脏的环境中工作，以赚取足够多的食物，我们甚至也让自己的孩子去工作。在1860年的英国，约37%的10~14岁的男孩被归类为"可以从事有报酬的工作"，而在当时，从事有报酬的工作通常意味着每周工作60小时或更长时间。在今天的非洲，童工占比不到30%，在印度，这个数字不到非洲的一半。因此，如果非要说有什么不同的话，那就是今天的童工占比已经比历史水平低了很多。

太阳底下无新事。随着经济形势的好转，孩子们会逐渐离开劳动力市场。1890—1930年期间，美国人均收入增长了75%，童工数量则减少了大约相同的百分比。在第三世界国家，童工数量自1950年以来一直在稳步下降，这在一定程度上要归功于收入的增加（尽管仍然极低）。

为什么第三世界国家的父母为了微薄的工资，愿意把自己的孩子送到条件恶劣的地方工作？他们屈服于来自第一世界国家的大公司和局外人的压力吗？可是，维多利亚时代的英国没有外国公司，孩子们照样去工作。显然，童工是社会贫困的一种自然反应。

孩子们被自己的父母送去工作，这对于享有特权、没有经历过贫穷的西方人来说太过残酷。但历史告诉我们，送孩子们去工作的正是他们的父母，而不是外人。

因此，问题在于第三世界国家的父母是否真的把孩子的最大利益放在心上。答案似乎是肯定的。多项研究表明，在发展中国家，大多数父母只要有能力，就会让孩子退出劳动力市场。这似乎证明了第三世界国家的父母也很关心自己的孩子，并且也是以父母应该关心的程度关心着自己的孩子。

当慈爱的父母最终做出决定，让孩子出去工作时，所有的结果都由他们承担，因此我们没有立场谴责他们。尤其是那些没有经历过类似境遇的人，更没有理由指责这些父母的做法。如果是在1840年，一个有着相关经历且富有同情心的美国人，可能会为剥夺非洲和亚洲人送他们的孩子们去工作的权利感到极度震惊。

如果说西方国家的历史和第三世界国家的现状之间有一个关键的区别，那就是：当西方国家处于贫穷时，没有国家是富裕的，所以没有人能伸出援手。但现在的西方国家有能力帮助贫穷的印度人和非洲人。有人认为西方国家有义务提供这种帮助，也有人不这么认为。无论你的立场如何，眼见第三世界国家陷入贫困，同时又要剥夺他们适当的应对机制，这一点肯定不可取。

那么美国人和欧洲人有减轻第三世界国家贫穷的道义吗？如果有的话，现在就应该把一箱箱的现金运送到第三世界国家。针对这个问题发起一场深思熟虑的全国性辩论是有益的，但不要误以为反血汗工厂运动也是对这场辩论的贡献。关闭血汗工厂并不能减轻第三世界国家的贫困（而且还需要美国人做出一些牺牲）；相反，这是血汗工厂面对第三世界国家贫穷做出的一种反应，它做到了那些反对血汗工厂的人群抗议时给出的口号——放松、休息、让生活轻松一点。同时，这也再一次证明了，无论在世界上的哪一个角落，贫穷的日子总是不好过。

强迫人们接受劳工制度和环境标准并不能让他们摆脱贫困。相反，这样会迫使穷人购买许多富人的"玩具"，比如清洁的空气、干净的水和休闲时间。如果你并不觉得清洁的空气和休闲时间是一种奢侈，那是因为美国人（即使是美国人中最穷的人）太富有了，以至于他们已经忘记了真正的贫穷是什么样子的。但你的曾曾祖父母可能会告诉你：当你真的很穷时，你根本享受不到清洁的空气。在1870年的美国，根本没有人担心环境问题。

如果你认为你可以通过强迫第三世界国家的人在劳工制度和环境标准上做到与发达国家一致，从而让他们的生活变得更好，那为什么要止步于此呢？为什么不要求他们都购买索尼游戏机？毕竟游戏机会让我们很开心。当然了，因为我们买得起索尼游戏机，而他们买不起。同样的道理，那些反对血汗工厂的抗议者强迫推行劳工制度和环境标准真的很傲慢。

第二部分
用正确的经济学激励改善一切

第二部分 用正确的经济学激励改善一切

你上一次被超售的航班挤下来是什么时候？以前这种事经常发生，直到一位名叫朱利安·西蒙的经济学家想出了一个疯狂的主意：诱使乘客让座。这样，依靠运气才能准时参加女儿婚礼的日子就一去不复返了。

在过去那些糟糕的日子里，非洲大象几乎被猎杀殆尽。狩猎禁令从未对那些顽固的偷猎者产生多大影响。直到津巴布韦的官员想出了一个疯狂的主意：把大象送给村民养殖。不像偷猎者猎杀完一个会继续寻找下一个目标，村民们知道，他们保护的大象将一直跟随他们。因此，村民们可以将持续养殖大象，并赶走偷猎者作为自己的事业。结果呢？村民们的生活变得更加富裕，大象数量也激增。

但是对于猛犸象和美洲水牛来说，这个疯狂的想法出现得太晚了，它们已经被猎杀到灭绝了（对于美洲水牛来说是濒临灭绝）。相比之下，肉牛却能茁壮成长，这在本质上与津巴布韦的大象能够生存有着相同的原因：他们有主人。

以上想法可以归结为：当人们能感受到自己行为的成本和效益时，事情就可以发展得更顺利。非要坐上超售的航班，就等于你放弃了潜在的金钱激励。今天捕杀一头大象，明天你就会少拥有一头大象；过度减少牛群数量，你就会破产。

这就是为什么当可口可乐公司推出新型自动售货机时，经济学家们一致叫好。这种自动售货机可以监测天气，并在炎热的下午收取更高的费用。我并不是在称赞这家公司的道德底线，而是因为这种方式可以让更多真正口渴的人喝到可乐。新型自动售货机中的可乐几乎全部售空了，而且在炎热的天气卖得更快。天气炎热时，我们都应该多考虑一下，是否把手中的水留给更渴的人。所以，如果你想拿走我想喝的可乐，你就应该付出相应的价格，这个价格应该反映出我对可乐的需求程度。

但公众并不这么认为，所以可口可乐公司最终停用了这种新型自动售货机。实际上，"放弃航班座位"的金钱激励之所以会流行，人们觉得是航空公司在付钱给他们。而炎热天的高价可乐不受欢迎，因为人们觉得是他们在给可口可乐公司付钱。但这完全是考虑问题的角度不同，可口可乐公司不应该说"天热的时候你要多付钱"，而应该说"天冷的时候你可以拥有折扣"，也许简单的重新措辞会挽救一个伟大的创意。

工程师们想出了利用大自然的力量，经济学家们想出了利用激励措施的力量，社会的繁荣同时依赖于两者。你可以心血来潮地从纽约飞到东京，部分原因是有人想出了如何制造飞机，部分原因是有人想出了如何确保你可以飞的流程。你的电脑知道如何排版文档，部分原因是有人知道如何编写软件，部分原因是有人知道如何为互联网风险投资项目融资。微软创造了软件，迈克尔·米尔肯这样的金融家创造了垃圾债券，他们哪个更重要？如果我们把利润作为社会贡献的粗略衡量标准，那这两者的贡献几乎分毫不差。20世纪80年代，也就是计算机革命前夕，微软每年的净利润大约有6亿美元，相当于米尔肯公司的年收入。

起初，人们认为出售垃圾债券就像把大象送给农民一样疯狂，然而最具革命性的想法听起来总是很疯狂，直到人们习惯了它们。考虑到这一点，我有一些想法要分享。

六　如何改善政府机制

如果我能对美国的政治制度做出一项改变，我会在每次选举中给每个人两张选票。你可以在自己的选区投一票，还可以在你选择的选区再投一票。当一位西弗吉尼亚州的参议员设法用数十亿美元的联邦税收为他的家乡购买猪肉时，我想让他知道，提供这些税收的人将有机会在选举日联合起来反对他。

今天，民主政治体制的问题不仅仅是政客们要向金融家和商业说客卑躬屈膝，还包括政客们会花别的选民的钱讨好自己的选民。换句话说，问题在于政客们没有考虑他们行动代价的动机，而有效的政治改革应该提供这样的激励措施。

因此，在我的下一步改革中，我将根据字母表而不是地理位置，重新划定国会选区。我们不再说谁是来自特拉华州中部或科罗拉多州北部的国会议员，而是按照每个选民名字首字母排列，从AA到AE的人选出一位国会议员，从AF到AH的选民选出另一位国会议员，以此类推，这种方法将使议员们更难把猪肉带回老家。策划一个将收入转移到特定地区的项目很容易，但炮制一个将收入精确转移到名字恰好以Q开头的人手中的计划就棘手得多。

这项改革还有一个重要的附带好处：国会议员将不再保留地方办事处提供联邦宪法服务，这样就可以协助削减监管中的繁文缛节，因为许多繁文缛节的存在只是为了让政客们通过削减它赢得政绩。

不然怎么解释《美国残疾人法案》（后文简称《法案》）的通过？为什么各大公司被《法案》要求建造没人使用的轮椅坡道？答：因为这样政客们就可以兜售豁免名额了。如果不想建造轮椅坡道，公司就得联系国会议员进行干预，为了做到这一点，公司就得为议员的竞选捐款或摆放议员的竞选海报。但为了让豁免名额的价格保持在高位，政客们对于豁免名额不会过于慷慨。所以，就出现了很多不必要的轮椅坡道。

事实上，《法案》真正要求的是三层以上的建筑要配备电梯，除非得到司法部门豁免。我想，司法部门应该通过这种方式结交了很多"朋友"。

立法者要求公司建造电梯和轮椅坡道，与暴徒们来你的办公室却只是小打小闹一样，都是在提醒你和周围的人：该交保护费了。从长远来看，让这些暴徒们这么容易地提供"保护"并不是一个好的解决方案，让政客们这么容易地为选民提供服务也不是解决政府低效的长远方案。

根据我的统计，至少有20个州的现任州长曾夸耀过，自己在过去4年里通过放松商业监管，创造了数千个新的就业机会。首先，他们制定了削减经济活动的监管规定；然后，他们再放松这些监管规定，并将其"慷慨"所带来的生产活动归功于自己。我想知道，每一个州长通过给予这些恩惠赢得了多少政治支持？我还想知道，这些监管规定是否在一开始就是负担？

我还希望根据国会议员的投票记录，在每个选区分别确定出联邦所得税税率。这样，每个选区选民选出来的议员在执政期间花费越多，他们的税率就越高。这应该可以解决那些不知道自己选出来的议员在做什么的选民的问题。

如果你担心这会阻止真正会为符合国家利益的项目花钱的国会议员当选，那么，可以提出"经70%（比如说）及以上议员同意的支出项目可以获得特别豁免权"就行了。

在改革税收时，我希望能够取消预扣税，而且让所有税收都在4月15日之前征收完毕，这样人们就可以清楚地看到政府花了多少钱。当我说"所有税收"时，我指的就是所有税收，包括销售税。商店不再是收到现金时缴纳销售税，而是将收据副本寄给政府。在每年的4月15日，商店会收到一张一整年的销售税账单，可以连同商店的所得税一起支付。

这张账单上应该将支出每一项都列出来。你会确切地知道你所缴纳的税有多少用于国防，多少用于社会福利，多少用于宗教信仰与社区办公室。

当然，所有这些税收改革的目的是让选民有更多的知情权。但这还不够，我们还需要一个能够充分激励选民，让选民能够真正感受到他投票支持的政策的所有成本和效益的动机。

因此，18岁以上的人不应该对饮酒的法定年龄进行投票。因为假如你今年30岁，你很容易就会支持将饮酒年龄维持在21岁（或提高到29岁），因为你可以得到所有的好处（街上喝醉的孩子少了），而且几乎不用承担任何成本。但是假如你是18岁，无论是否降低饮酒年龄，你都得自己承担全部的成本和收益。比如降低饮酒年龄，那么你可以现在就喝酒，但是当你30岁的时候，你将不得不忍受大街上会存在一群喝醉的18岁年轻人。如果维持现在的法定饮酒年龄，那么你得再等几年才能喝酒，但是在你的余生里，你将不用担心大街上有喝醉的孩子（或者至少是法律允许喝醉的孩子）[1]。这是一个真正的平衡交易，我不知道18岁的人会怎么选择，但我知道他们应该是做出决定的人。

同样，让60岁的人对社会保障政策进行投票也是愚蠢的。一个18岁的孩子（比如说）最终会承担增加社会保障的所有成本和效益，而他60岁的祖父只会感受到好处。所以，这使得孩子们理所应当成为政策的参与者。

下一步，我想改善一些行政部门的激励措施。

长期以来，经济学家发现，美国食品药品监督管理局有一种反常的激励措施，即在批准新药时过于谨慎。因为如果批准的处方药被证明是致命的，每个人都会指责美国食品药品监督管理局。相比之下，当人们因为美国食品药品监督管理局未能批准一种绝对安全的新药（或推迟批准，或批准过程阻碍了药物开发）而死亡时，美国食品药品监督管理局几乎毫无责任。如果你的兄弟死于一种罕见的疾病，这种疾病很容易就能被一种美国食品药品监督管理局禁止上市的药物治愈，你可能不会责怪美国食品药品监督管理局，而是责怪这种疾病。

有很多实证研究都估算了因美国食品药品监督管理局的审批程序而丧失的生命数量，但根本不需要数字证明，这是激励

---

[1] 这里的假设是，制定的是一项后代们无法轻易改变的法律，这也是宪法修正案的目的。

机制搞砸了一切。而当激励机制有问题时，结果几乎肯定是糟糕的。

一个不完善的解决方案是，不用现金而是药品公司的股票作为报酬，支付给美国食品药品监督管理局的官员们。这样，他们可以分享将药物快速推向市场的成本和效益。但这一激励机制仍然不完美，官员们可能会不批准艾力达上市，只是为了保护万艾可的高价。但我敢打赌，这仍会比现在的情况好得多。

同样的道理，我们还可以给航空监管机构以航空公司的股票，给汽车安全监管机构以汽车公司股票，给司法部扫黄监管机构以互联网公司的股票。

至于美国总统，总统的工作是让这个国家成为一个更适合居住的地方。如果他做得好，会有更多的人想住在这里，并在这里规划他们的未来。所以，对总统来说最好的衡量标准就是土地价格。

所以我们应该以一系列多样化的土地组合作为总统的报酬，比如给他一些在蒙特雷海边的地产、北达科他州的农场、波士顿市中心的停车场等等，这样他就没有理由过分偏袒任何一个地区了。当总统要对医用大麻的使用采取立场时，他唯一的财务激励就是让美国变成一个更适宜居住（也许更昂贵）的地方。

总统拥有的土地越多，他做出明智执政策略的动机就越强烈。最理想情况下，他可以拥有整个国家。而且为了获得正向的长期激励，他心爱的孩子们应该继承他的一切。不幸的是，尽管这一激励有优点，但事实证明，世袭君主制在其他方面缺乏足够的优势。因此，我不愿推荐它。

在对行政部门进行改革的同时，我认为有几个根深蒂固的官僚机构应该被推翻。问题在于，农业、商业和劳工等内阁部门拥有强大的选区基础，不可能一次只取消一个部门。但如果将它们作为一个整体取缔呢？农业部帮助农民从工人和企业那里攫取资源；商业部帮助企业从农民和工人那里攫取资源；劳工部门帮助工人从农民和企业那里攫取资源。如果有了一个可以同时废除这三个部门的计划，你可以向每一个美国人保证，他们可能会失去一个朋友，但同时会失去两个敌人。

这一策略在关闭海外军事基地方面取得了巨大成功。关闭一个基地会引起骚动，但一次性关闭多个就会得到很多选区的支持，因为这样做会节省足够多的税收。这几乎是关闭军事基地的唯一方法。

官僚机构（或不必要的军事基地）的过剩是公共水源问题的简化版。效率低下的政府就像污染一样，肇事者在不必承担成本的情况下就获得了好处。只有改善激励机制，这条河流才会变得清澈。

七　如何改善司法系统

1991年，在纽约市的一场骚乱中，一个名叫小莱姆里克·纳尔逊的男子将一个名叫扬克尔·罗森鲍姆的男子刺死了。我们之所以最后才知道这件事，是因为纳尔逊在12年后承认了这一点，而这时距陪审团宣告他无罪并将他释放已经很久了。

印第安纳州陪审团曾判处一名叫理查德·亚历山大的男子70年监禁，罪名是一系列性侵犯。3年后，根据DNA（脱氧核糖核酸）证据和一份供词，最终发现另外两名男子才是这一系列性侵犯的主谋。而那时，理查德·亚历山大已经因莫须有的罪名在监狱里度过了5年。

以上两个陪审团都搞砸了，但陪审团的任何成员都不会因为裁决错误而受到惩罚。

我们不知道陪审团为什么会搞砸，也许他们仔细评估了证据却犯了无心之过，也许他们根本没有得到完整的证据，又或者他们只是没有用心。总之，像这样的事情时不时就会发生。

总的来说，如果陪审员能够为他们的疏忽和草率行为付出代价，而不是让其他人承担这些代价，那么每一个案件都会得到更好的裁决。我提议，每一位投票支持无罪释放被告的陪审员都应该让被告在自己家里住上一个月，法院可以给陪审员支付一笔远超市场价的租金。如果陪审员真的相信被告是无辜的，那么就可以通过让被告成为自己的房客赚取巨额租金；如果陪审员害怕被告，那么其他人可能也不想让他生活在自己身边。

好吧，这可能对那些无辜但看起来像坏人的被告有点苛刻。但不仅仅是陪审团，假释委员会适用同样的政策。并且与陪审团不同，假释委员会应该更关心被告的社会影响。

对陪审员而言，我们可以对他们进行一些涉及审判内容的书面测试，比如"请判断以下说法是否正确：受害者的邻居说她在午夜听到了狗叫"，并用现金奖励得分高的人，这样至少能让陪审员对案件更用心。

到了审议的时候，我们可以把陪审团分成两个六人小组，如果两个小组的裁决一致，就对他们做出奖励。如果说我们从电视里播放了几十年的《新婚游戏》（*The Newlywed Game*）节目中学到了一件事，那就是参赛者越希望与他人的答案保持一致，就越倾向于得出正确的答案。

或者我们可以通过小莱姆里克·纳尔逊和理查德·亚历山大这样错误裁决的案子向陪审员传递一个信息：如果他们做出了错误的裁决，就会被处以巨额罚款。同时，如果陪审员的裁决随后被新的证据证实是正确的，我们可以给予他们巨额奖励，以此平衡巨额罚款。

这样，在法庭上打瞌睡、无视需要努力才能理解的证据，或者在陪审团的房间里屈从于众人意见的陪审员就会越来越少。这样做还有一个附带的好处：如果人们普遍认为陪审团的裁决过于宽松，我们可以增加对错误的无罪裁决的惩罚，以及对正确定罪的奖励，使其变得更加严厉。如果人们普遍认为陪审团过于严厉，我们可以反其道而行之。这正是一个好的激励系统的标志之一——它可以根据我们的工作目标随时进行调整。

不幸的是，像小莱姆里克·纳尔逊和理查德·亚历山大这样裁决错误的案件太过罕见，不会对陪审员的激励产生太大影响。所以我们可以进一步改善激励系统，有一些案件从未进入审判阶段，因为被告是否有罪已经通过详细的供词或无懈可击的不在场证明确定好了。我认为我们可以在隐藏供词或不在场证明后，让陪审员对这些案件进行模拟审判。如果陪审员裁决错误，我们就可以对他们施以惩罚（忽略他们的判决结果）；如果他们裁决正确，我们就可以奖励他们。没有陪审员会知道他是在参加模拟审判还是真正的审判，这样他们就会有追求准确性的动机。

听起来这是一项很昂贵的措施，当然，它的确很昂贵。也许在每4次真正的审判中我们都要进行1次模拟审判，这将使司法系统的运行成本增加约25%。但好处是，我们不仅可以激励陪审员集中注意力，还能吸引到更好的陪审员。在一些备受瞩目的案件中，双方花费数百万美元以赢得陪审团支持的行为并不罕见。从这个角度来看，再花100万美元让陪审团仔细考虑所有证据似乎并不奢侈。

在任何情况下，无论模拟审判是否值得付出成本，我们都应该用小莱姆里克·纳尔逊和理查德·亚历山大的案子警醒陪审员。美国的每一个流水线工人，每一个出租车司机，每一位医生、律师和经济学家，都会根据自己的工作表现获得经济上的奖励或惩罚，只有陪审员例外。这种例外的合理性只有当你认为，在美国获得正确的法院判决是最不重要的工作时才说得通。

我是认真的吗？我当然是认真的。有些想法可能很古怪，但它至少具有一定的实用性，可以提醒我们真正应该思考的现实问题是什么。当我以看似开玩笑的方式提出让陪审员把无罪释放的被告带回家时，我其实是想说，陪审员不会因为判断错误而受到惩罚，而我们应该想办法改善这一点。

惩罚那些勤勉但却会犯无心之过的陪审员公平吗？当然不公平。惩罚那些勤劳但庄稼歉收的农民，或者那些勤勉写作但书卖不出去的作者，或者那些因误判市场需求而做了太多百吉饼的勤奋面包师，都是不公平的。在一个理想的世界里，我们会对他们的努力做出奖励。但我们生活在现实世界里，努力是不可观察的，所以我们只能奖励结果。

不公平是良好激励机制的一部分。你可以花几年时间学习餐饮业知识，认真寻找投资者、装修工和厨房员工，你可以很聪明地填补餐饮业的市场空缺，但仍然可能因为一只乱窜的老鼠、一次疯狂的恐怖袭击或在家烹饪的突然流行而不得不关门。只要这种激励机制能够鼓励企业家利用他们所掌握的有限信息做到最好，并且让我们获得更多更好的餐馆，我们就应该将这种不公平视为激励制度的一部分并接受它。

无论如何，当我们谈论公平时，还有什么比把一个无辜的人送进监狱或释放一个杀人犯让他出现在大街上更不公平的呢？如果我们能用对陪审员的一点不公平减少社会上更多的不公平，我完全赞成。

此外，激励机制并不是让我们虐待陪审员。就像每天都有企业倒闭，但可预期的利润仍然吸引了大量的创业者一样，即使陪审员因错误的判决会受到惩罚，只要一开始就向他们支付合理的工资，仍然会有一大批自愿前来的陪审员。事实上，这些自愿前来的陪审员有几个好处：他们不仅更有能力，更有动力，而且（如果有人在意的话）这一做法也符合美国宪法第十三修正案[1]。

另一种可以帮助我们获得合理判决的方法是停止像对待孩子一样对待陪审员。如今，我们禁止陪审员阅读报纸或与朋友、家人讨论案件。但在广为人知的案件中（比如每隔几年就会出现的"世纪审判"），会出现很多深思熟虑的论点，但它们并不总是出自法庭，而是出现在社论或餐桌上。为什么仅仅因为这些论点不是出自法庭，就认为陪审员不该受它们的影响？

当然了，标准的回应是：我们希望保护陪审员免受错误推理的影响。但为什么呢？如果我们相信陪审员在法庭上可以区分好的和坏的推理，为什么不相信他们能在社论版块上区分出好的和坏的推理？现行制度保护陪审员不受"无关"因素影响（如报纸的报道，或被告过去的证词）本来就有矛盾之处。陪审员如果能够从DNA专家们相互矛盾的证词中理清条理，当然也能够从案子过去的信息中做出正确的判断。

我们允许法官排除一些无效的证据，并且相信陪审员会判

---

[1] "在美国境内或受其管辖的任何地方，不得存在奴隶制或非自愿劳役，但作为对当事人已被正式定罪的罪行的惩罚除外。"

断证据应该得到多大程度的重视。换言之，我们认为陪审员完全有能力决定给予某一项证据30%、70%或90%的权重，却不相信他们是否有能力判断同一项证据的权重是否为0，我想不出任何一套关于陪审员能力限制的理论会支持这样的规则。

陪审员要么有能力决定对给定的证据赋予多大的权重，要么没有。如果他们有能力，那么我们就应该向他们展示所有的证据，让他们决定什么才是相关的证据；如果他们没有能力，那我们首先需要考虑的是设立陪审团这一想法是否有效。

在法庭外，每个人都知道信息是个好东西。如果你正准备买一栋房子，却听到了一个谣言，说它是建在流沙上的，那么无论如何，你都会打起精神打听一番。这并不是说所有谣言都是真的，或者你一定会退出这次交易，但至少你会暂停片刻，考虑谣言的来源，并将其与你听到和看到的其他信息进行权衡。你做这一切的原因，就是希望这些信息能帮助你做出更好的决定。

谣言并不总是可信，有时谣言是如此离谱，以至于不受影响的最好办法是用手捂住耳朵，大喊"呀呀呀！"。但平均而言，多听听别人在说些什么，至少听一会儿，你的生活会变得更好。

但一旦你进入陪审团，你突然会被要求将世界拒之门外。一些证据被贴上谣言的标签，并被排除在法庭之外，因为作为一个陪审员，你不该受到谣言的影响。尽管已经有了一些预防措施，但如果你还是碰巧听到了一些"谣言"，法官会指示你忽略它。如果你试图追查"谣言"的来源，并认可它的可信度，你就有可能被指控藐视法庭。

在法庭上做出正确的决定不是和在房地产市场上一样重要

吗？如果是的话，我们为什么要在法庭上排除一个明智的购房者本能会遵循的策略呢？

从历史上看，支持言论自由的主要论点之一是，当人们（平均来说）接触到的信息越多时，他们就会做出越好的决定。在选举期间，新闻里充斥着关于候选人的谣言、传闻、道听途说和不相干的信息。但似乎存在着一个普遍的共识，那就是在考虑了所有的因素后，允许这些新闻存在比动用司法机关审查新闻会得到更好的结果。比如选举前夕有新闻报道说，一位主要候选人曾因酒后驾车被捕。如果将这条信息放在法庭上，就会被压下去。如果这条信息是在选举时被曝光的，我们将允许各党派人士和记者发表自己的声明。最终，选民会决定哪些是合理的、相关的信息。为什么不让陪审团也这样做呢？陪审员不仅在被选中后不得不保持一无所知的状态，实际上他们正是因为一无所知才会被选中，因为法院的官员们总是在不遗余力地挑选"无偏见"的陪审员。但是，没有偏见，以及可能导致这种偏见的知情猜测，真的可取吗？在选举期间，没有人会告诉选民不要听媒体的，这样我们就可以在进入投票站之前不偏不倚。我们既喜欢消息灵通的选民，又喜欢一无所知的陪审团，这难道不矛盾吗？[1]

据报道，1986年，马萨诸塞州检察官曾揭发了一起性侵案。他不断骚扰并强迫一群惊慌失措的学龄前儿童对山涧日托服务的负责人杰拉尔德、谢丽尔和维奥莱特·阿米罗提出指

---

[1] 显然，有时选择陪审员的标准不仅是因为他们对案件细节一无所知，而且几乎是因为他们对周围的世界一无所知。我有一个朋友曾被排除在陪审团之外，因为他对"你认为一个被逮捕过的人比一个没有被逮捕过的人更有可能有罪吗？"这个问题的回答是"是"。可以肯定的是，他的位置被另一位陪审员取代了，而这位陪审员真的认为警察逮捕人完全是随意的。

控。以下是一位作家总结的孩子们在当时不得不说的话：

孩子们欣然承认他们提前练习了证词，其中很多内容都令人难以置信。一个男孩说，当着所有学生和老师的面，他被绑在了一棵树上。他还说，谢丽尔杀死了一只狗，并把它的血埋在了沙箱里。一个机器人威胁他，如果他说出来，就杀了他。另一个男孩说，维奥莱特杀死了一只青蛙，并让他吃了它（在最初的采访中，他说青蛙像鸭子一样嘎嘎叫）。一名女孩声称她的手腕被割伤并流血了。她还说，一个机器人（就像《星球大战》中的R2-D2型机器人一样）把她抢起来转圈，还咬了她的手臂。

检察官得到的证词是，孩子们每天都会被带到一个秘密或神奇的房间。然而，没有一个孩子能够告诉警察这个房间在哪里，警察也无法找到这样一个地方，尽管他们在努力寻找。孩子们对房间在哪层楼，甚至是在学校还是其他地方都无法达成一致。[1]

陪审员们都被蒙在鼓里，而且对检察官的调查手段一无所知。最终，他们判定三名山涧日托服务的负责人都有罪。杰拉尔德·阿米罗被判30~40年监禁，在服刑10年后，其中一名陪审员说："我确信阿米罗先生是无辜的。我认为陪审团被误导了，没有听取所有的证据。我们相信了孩子们的说法，但却不知道他们的证词可能有误。如果我当时就知道我现在才在报纸上看到的事情，我就不会给阿米罗先生定罪了。"现在，谁还

---

[1] 这位作家是鲍勃·夏泰勒，他还是美国作家协会政治问题委员会前主席。

敢说通过保护这位陪审员不受控方策略的影响，正义就能得到伸张？

下面这道题可以对你评估证据的能力进行测试：你刚刚做了一次艾滋病病毒检测，坏消息是，检测显示你被感染了；好消息是检测的错误率为5%，所以你有5%的可能没事。这么说对吗？完全错误。其实你有84%的可能没事。原因如下：大多数人（比如你所在群体中99%的人）都没有感染，所以你也有很大的可能没被感染。尽管检测的错误率只有5%，但这次检测错误的可能性非常大[1]。

这完全是权衡证据的问题。检测结果是你被感染的证据，而周围大多数人都是健康的事实是你依然健康的证据。这两个证据是相关的，忽视其中任何一个都会导致错误的结论。

如果你不相信我，我们来看一个更明显的例子：假设你知道你携带了一个罕见的基因，它可以让你对所有病毒完全免疫。那么，你当然可以对艾滋病病毒检测结果一笑置之。这些检测并不能推翻你不会被感染的先决信息，同样，没有检测可以完全推翻任何先决信息，包括刚刚所说的周围大多数人没有生病的事实。

这个例子的重点是，你不能在不权衡背景的情况下评估证据。因此，当法官禁止陪审员了解犯罪前科等背景信息时，陪审员就很难开展工作。

---

[1] 为什么是84%？在10万人口中，我们假设只有1%（即1000人）被感染了。在这1000名感染者中，95%的人（950人）得到了准确的检测结果。在99000名健康的人中，只有5%（即4950人）得到了不准确的结果，说他们被感染了。也就是说一共有950+4950=5900人得到了坏消息，而在这5900人中，只有950人，即16%的人真正被感染了，剩下的84%的人都是健康的。

坦布里奇韦尔斯距离伦敦约30英里（约48公里），在18世纪时，它曾是英格兰主要的旅游目的地之一。因为这里风景如画，是时尚、精英人士社交的首选之地，吸引着来自世界各地的游客。那里有咖啡馆、书店、酒店和台球厅；舞会和音乐会；音乐家、杂耍家、吞火表演者和哲学家。还有一位名叫托马斯·贝叶斯的温和而又热情的长老会牧师，他乐于接待外国来访者。有一次，当他试图向一群地位显赫的东印度群岛人描述英国的严冬时，贝叶斯发现他的听众从未见过或听说过冰。于是他从冰库里拿出一块冰，解释说冰只是冰冻形态的水，并将冰放到火上让它融化以证明这一点。但是当这些游客重新回到东印度群岛后，还是觉得自己被骗了。

除了这些消遣，贝叶斯还完成了关于神的仁慈、魔鬼的邪恶等宗教著作，他还研究了数学，并努力思考计算概率的正确方法。他最伟大的发现是一个公式——现在被称为贝叶斯法则，这是所有大学统计课程的支柱。贝叶斯法则会根据先决信息和最新信息计算概率。以上面艾滋病病毒检测为例，用贝叶斯法则计算出来的未被感染的概率正是84%。

贝叶斯法则的基本内容是：一切可能相关的事物之间都有相关性。被告是否有类似此次指控的前科？是的，这就是相关性。被告是否曾因一项完全不相关的指控被定罪？是的，只要不同犯罪行为之间存在某种统计上的相关性。被告的兄弟有可能也是罪犯吗？是的，如果统计数据显示犯罪行为会在家族中传播。

被告的外表也很重要。陪审员本能地知道这一点，这也是为什么辩护律师会让他们的当事人穿上剪裁考究的西装，并让他们卸下鼻环。当然，外表是具有欺骗性的，但也并不完全如此。事实上,并不是每个人都能看起来像股票经纪人。一般来说,要想看起来像股票经纪人,被告至少要整洁干净一点。因此,如果被告穿着西装,看起来很体面,那就可以形成对他有利的合法证据,就像他额头上的"三K党"文身会成为对他不利的证据一样。

如果让辩护律师和检察官轮流装扮被告,然后让陪审团通过观察被告的多种样貌从而进一步了解被告,这样会更好。无论如何,让我们看看被告穿着细条纹西装的样子,也让我们看看他赤裸上身、挂着子弹袋、穿着脏兮兮的迷彩裤和系着红色鞋带的马丁靴的样子。

贝叶斯法则认为,外表与犯罪具有相关性。同理,被告的其他方面也与犯罪具有相关性,这里面就包括他对律师的选择。如果你被指控犯罪,而我听说你聘请了艾伦·德肖维茨——一位曾为辛普森案和泛美航空103号班机空难案的客户辩护的律师,贝叶斯法则会告诉我,我应该改变对你的看法。

每当有人试图说服你改变对某件事的看法时,常识会建议你先考虑一下这件事是谁说的,贝叶斯法则证实了这一智慧。如果像艾伦·德肖维茨这样的人试图卖给你一辆二手车,你有理由怀疑他所说的这辆车每行驶1000英里(约1600公里)才换一次机油。同样的道理,这样一位律师试图让你相信他的当事人是无辜的,你应该持怀疑态度。如果你不知道德肖维茨一直以来接的是什么样的案子,控方当然可以帮你把他过去的客户名单列出来,作为证据。

而且这个影响是双向的。如果一些辩护律师长期以来都会认真评估证据,并只接受那些他真正相信是无辜的客户,陪审团也应该知道这一点。他们将以有利于被告的方式处理这个信息，这也是应该的。

因此，不仅被告的整个过去应该在法庭上被呈现，他聘请的律师的过去也应该被呈现（说到这里，检察官的过去也应该被呈现）。当然，一个道德水准高的律师不太可能误导陪审团，那为什么不把信息都呈现出来，让陪审员有机会评估他们被误导的可能性？我们都不想犯这样的错误：仅仅因为一个好的论点来自一个声名狼藉的人就否定它。亚伯拉罕·林肯早就阐明了这一点：

> 欧几里得通过推理证明了一个三角形的所有内角之和等于两个直角之和。欧几里得还告诉了我们这是如何得出的。现在，如果你打算反驳这个推理结论，并证明它是错误的，你会通过称欧几里得是一个说谎的骗子来证明他的推理是错误的吗？

当然不会。另一方面，如果欧几里得是一个众所周知的骗子，那么你可能需要对他的论点进行多方面的审查，因为他更有可能耍一些小诡计。如果他是个十足的骗子，那可能一开始就不值得听他说过什么，因为想要从他的话中找到一两句有用的实话太费力了。

只有两个理由值得我们对陪审团隐瞒信息。第一个就是阻止警察随意闯入民宅寻找证据。也就是说，我们应该忽略在没有搜查令的情况下，由警察收集到的证据，以纠正警察不合法的行为。但我并不完全认同这个说法，我不明白为什么不能通过罚款（甚至监禁）来阻止这些过分"热心"的警察，而是要放弃他们过分"热心"的成果。至少非法证据排除规则可以保护居民的合法权益不受损害,即使还有其他更好的办法。所以,我认为这是一个我们应该在法庭上排除一些证据的原因。

第二个(可能)很好的理由是:在其他条件相同的情况下,我们不想让一些本来无害的行为成为一种偏见,进而成为可以在法庭指控你的证据。比如一般来说,开红色车的人比开蓝色车的人开得更快。因此,如果你因超速驾驶被捕,你的车的颜色就成了相关证据。另一方面,如果允许控方用这个证据指控你,那你更有可能一开始就买一辆蓝色的车,即使你真正喜欢的颜色是红色,这可是一个糟糕的结果。

同样,如果统计数据显示,你的政治观点、宗教信仰或胸前的眼镜蛇文身与你可能殴打老年妇女并偷她们的钱包具有相关性,而且检察官被允许在法庭上使用这些"证据"来指控你,那么你可能从一开始就会选择避开这些政治观点、宗教信仰和眼镜蛇文身,以防你被错误地指控。在一个重视多样性的社会里,这是一个反对检察官攻击被告的政治观点或宗教信仰的理由。

就这点来说,检察官一般不会将被告的种族或性别作为不利证据进行指控,因为种族和性别不是可以选择的对象。如果你是一个黑人,你的种族在法庭上被当作对你不利的证据,这甚至会阻止黑人繁衍后代。性别也是如此,男性比女性更容易犯罪,但我从来没有遇到过一个变性人是因为担心被错误地安上入室盗窃的罪名才变性的。

这也不是将那些应该回避的信息排除在陪审员知悉范围之外的理由。正如我之前所主张的那样,如果我们允许将辩护律师代理过劣迹客户的历史作为证据,那么劣迹客户聘请律师就会变得更加困难。

还有第三个隐瞒证据的理由,但我认为这个理由完全可以被反驳。比如有些证据令人非常难堪,所以我们有时应该隐瞒这些证据,因为让人难堪是不好的。这就是为什么我们不强迫强奸受害者(或自称为强奸受害者)为他们的性生活做证。但在我看来,与其完全排除这种证词,我们完全可以让陪审团秘密聆讯证词,而不向公众公布。毕竟,在证据被排除之前,它必须经过法官的审查,所以首先必须有人看到或听到过证据。我不认为在陪审团的12个陌生人面前剖析自己的性生活,比在法官席上的一个陌生人面前剖析性生活更难堪。

贝叶斯法则告诉我们,在性侵案中,原告的性经历确实是一项重要的相关性证据,特别是在被告声称所谓的强奸实际上是双方自愿的性行为的情况下。在同等条件下,一个30岁的处女比一个30岁的色情明星更不可能同意与陌生人发生性关系,因此,根据逻辑法则,相对于处女,色情明星的可信度必然会降低(当然,不可能存在"同等条件"的前提,也许这位处女是个臭名昭著的骗子,而这位色情明星则以诚实著称,这也是相关信息,陪审团应该有所了解)。1997年,哥伦比亚大学一位名叫奥利弗·约瓦诺维奇的研究生不幸与一位"X夫人"通过电子邮件建立了联系,X夫人是巴纳德大学的一名本科生,她吹嘘自己热衷于施虐受虐性行为。他们见面后,X夫人指控约瓦诺维奇囚禁她,并违背她的意愿对她进行了性虐待。

如果让陪审团看到了他们之前的邮件内容,X夫人可能会感到难堪;如果让陪审团看到了她在与约瓦诺维奇相遇前后都是一个施虐受虐性行为爱好者的证据,她可能会更加难堪。想想看,如果陪审团被告知X夫人过去有诬告他人性虐待的历史,她会感到多么难堪!对X夫人来说,幸运的是,法官威廉·韦策尔在法庭上禁止了所有这些证据，从而保护了她的感受，而不幸的约瓦诺维奇则被一个信息严重不足的陪审团送进了监狱。在约瓦诺维奇的定罪被推翻之前，他在监狱里度过了20个月，他的家人花费了50万美元的法律费用。

就像马萨诸塞州的杰拉尔德·阿米罗等三人一样，约瓦诺维奇的人生也被一项判决毁了，而一个见多识广、通情达理的陪审团永远不可能做出这样的判决。没有人能保证陪审团总是正确的，但至少我们可以努力让他们充分了解情况。归根结底，我们应该信任陪审团，相信他们在了解了所有信息后会做出正确的判决。如果你认为陪审团不值得信任，解决办法不是给他们制造障碍，而是直接废除陪审团制度。

还有一种选择，如果你不相信现在的陪审团，那就聘请更专业的陪审团，就像在一些欧洲国家一样。这样的机制还有一个额外优势，那就是在涉及医疗事故或反垄断法这样的复杂案件中，双方都会传唤专家证人，这些专家证人会为现在的陪审团提供耗时且昂贵的基础知识培训，而专业的陪审团根本不需要在每一次的审判中都接受再教育。

为什么我们既要求陪审员解决一些棘手的问题，又禁止他们思考问题？要么是我们认为陪审员的思考能力是混乱的，要么是司法系统的构建是为了服务于律师、法官和其他受益于法制混乱的人。比如律师可以利用陪审团最轻微的失误提出上诉；法官可以通过应用晦涩的证据规则使自己的存在变得更重要。下令禁止陪审团在法庭外了解任何与案件相关的信息，就像在司法上，电工联合会禁止任何人私自开关电灯。如果人们可以自己开关电灯，那么电工的工作机会就会减少。同理，如果陪审员开始自己收集信息，法官的工作机会就会减少。

经济学理论预测，特殊利益集团会试图操纵职场规则，从而让自己变得不可或缺。每个人都知道工会在限制人数后又会额外雇工，每个人都知道由律师撰写的复杂法条只有律师自己才能解释。但人们似乎没有注意到，是法官制定了晦涩难懂的证据规则，以保障他们的地位。

你可能认为，如果没有法官规范证据的搜集程序，陪审员就会淹没在不相关信息的海洋中，审判永远不会结束，但这个问题可以通过让律师为过度使用法庭时间支付现金来有效地解决。假设陪审团能够区分好的证据和坏的证据（正如我所说的，如果我们放弃这一假设，我们也应该彻底放弃陪审团制度），律师将不会用真金白银争取来的时间耍弄不相关的诡计。

我们的目标是让每个人都受到恰当的激励。对陪审员来说，这意味着一种对判决正确与否进行奖惩的制度；对法官来说，这意味着打破法官对什么是相关证据的司法垄断权；对律师来说，这意味着对法庭时间收费，这样他们就不会浪费时间糊弄陪审团。

不要忘记整个司法系统本身就是一个奖惩机制，是我们试图为犯罪行为创造的奖惩机制（或者更确切地说是惩罚机制）。

总的来说，罪犯肯定是风险爱好者，否则他们会去当洗车服务员而不是罪犯。同理，彩票玩家肯定也是风险爱好者，否则他们会买国债而不是彩票。由此，你可能会得出这样的结论：罪犯和彩票玩家往往是同一种人。但这大概率是个错误的结论，毕竟风险爱好者喜欢把所有鸡蛋放在同一个篮子里，这意味着他们要么会选择犯罪，要么会去买彩票，而不是两者兼而有之。

尽管如此，如果你想了解究竟是什么导致了人们走上犯罪的道路，那么选择了解什么会吸引人们前去冒险是有帮助的，所以了解人们去买彩票的原因同样有帮助。

当彩票提供大奖或（相对）好的赔率时，它们是有吸引力的。如果你正在运行一个彩票项目，最终赔付为1000万美元，你可以提供一个1000万美元的头等奖，或者10个100万美元的一等奖。哪个奖项对玩家更有吸引力？通常是前者。在大多数情况下，彩票玩家更喜欢低概率赢大奖的玩法，而不是高概率赢小奖的玩法。这是因为那些希望有更多机会获得较少回报的人会选择将钱存在银行里，而不是买彩票。因此，如果你想让彩票更具吸引力，最好是将头等奖的金额增加一倍，而不是将中奖人数增加一倍。

更准确地说，中奖人数翻倍会使彩票对那些从来不买彩票的人更具吸引力，而头等奖金翻倍会使彩票对那些真正喜欢玩彩票的人更具吸引力。

现在，让我们将同样的推理应用于刑事威慑活动。在大多数情况下，罪犯更愿意受到小概率的大惩罚，而不是大概率的小惩罚。这是因为，犯罪分子更看重被罚的概率，而且那些更愿意接受小惩罚的人还有可能选择像建筑工人或煤矿开采这样本身具有类似惩罚性的职业（有一定的风险性），而不是继续犯罪。因此，如果想降低犯罪行为对罪犯的吸引力，最好的办法是将定罪的概率提高一倍，而不是将惩罚的程度提高一倍。

将平均刑期增加10%，犯罪率会下降。再加上额外10%的定罪率，犯罪率就会下降得更多。就像任何风险爱好者一样，罪犯也想向概率挑战，所以当概率对他们不利时，他们会变得没有斗志。

如果惩罚不能阻止犯罪，那么实施惩罚就没有意义。幸运的是，威慑是有效的，比如说死刑。令我惊讶的是，我经常听到政客们反复强调一个错误的说法，即没有证据表明死刑具有威慑作用。的确，没有证据表明制定死刑法律具有威慑作用，但执行死刑本身则完全是另一回事。30年来，经济学期刊一直在发表证据，证明在实际执行死刑时，会产生巨大的犯罪威慑作用，每次处决都能防止8~24起谋杀案[1]。

这方面的理论先驱是艾萨克·埃利希教授，他在20世纪70年代中期就开始使用复杂的统计技巧来衡量定罪和惩罚的威慑效果。最近，埃利希教授与刘志强教授一起改善了这一课题，驳斥了那些对他直言不讳的批评，并提供了新的证据来支持他最初的结论：定罪数量每增加1%，谋杀率就会下降约1%；执行死刑的数量每增加1%（相当于增加了平均刑罚的严厉程度），谋杀率（再次非常粗略地估计）会下降约0.5%[2]。正如理论预测的那样，刑罚的严厉程度很重要，但定罪率更重要。

我很感谢埃利希教授的研究成果，因为我在课堂上用它们说明了我一直渴望让我的学生明白的三点。首先，奖惩机制很重要，甚至对谋杀犯也是如此；其次，经济学理论预测（数据也证实）某些奖惩措施比其他奖惩措施更重要；最后，如果你

---

[1] 详见http：//www.cjlf.org/deathpenalty/dpdeterrence.htm。劳伦斯·卡茨、史蒂芬·列维特和埃伦·夏斯托维奇三位教授最近发表了一篇论文，他们发现死刑威慑作用很小，这篇文章不应被忽视。但它必须与数百篇其他文章放在一起进行权衡，其中大多数文章都表明，每次处决都能防止8~24起谋杀案。

[2] 这些数字来源于20世纪40年代和50年代所统计的数据。死刑研究往往集中在执行死刑最多的那几十年，因为那时的数据更多。

想给出政策建议，仅仅知道使用统计数据是不够的，你还必须了解自己的价值观。虽然艾萨克·埃利希教授用数据让大多数经济学专业人士相信死刑是有效的，但他本人强烈反对死刑。

如果我们关心犯罪威慑，我们还必须面对一个基本的经济学事实：一些罪犯受到的惩罚不足，而另一些罪犯受到的惩罚过度。

在一个监狱数量有限的世界里，把一个罪犯从大街上带走并长期监禁就得以释放另一名罪犯为代价。如果让窃贼本尼在一间牢房里待上5年，可能就没有监狱空间给抢劫犯曼尼了。但是，因监禁本尼而获得荣誉的地方检察官并没有因为"强迫"某个未来的检察官释放曼尼而受到惩罚。

换句话说，地方检察官不用承担自己决定的全部成本。他会因激励把监狱空间浪费在开空头支票的人、内部交易者和非暴力毒贩这样的轻度犯罪者身上，从而导致抢劫犯、强奸犯和谋杀犯这样的重度犯罪者"逍遥法外"。

每个大公司也面临着同样的问题。经理们，就像检察官一样，会攫取他们所能得到的任何资源，而很少考虑他们给整个企业带来的成本。所以几乎在所有情况下，针对这个问题的解决方案都是给每个经理一个预算，以便他知道他今天申请了30台传真机的做法将对他明天申请100台计算机产生不利影响。众所周知，这种解决方案远非理想，因为在分配初始预算时，经理们都会夸大自己的需求。但每个人也都知道这一点，这比允许经理在没有任何预算限制的情况下申请资源要好得多。

在私营企业中起作用的原则同样可以在司法系统中起作用。我们可以给每个检察官每月350年的刑期预算，在一个月内，检察官申请的刑期不得超过其预算的总刑期。我们还可以增加一些灵活性，允许检察官们彼此"借用"刑期，并在未来几个月内偿还。

想要申请长期判决的检察官应该知道，他这样做是要未来的案件为此付出代价的。你可能会反驳说，让一个案件影响另一个案件的做法是错误的。我的回答是，由于监狱系统资源有限，一个案件本来已经影响到了另一个案件。问题是要让检察官意识到这一成本，并鼓励他们主动承担这一成本。

检察官与陪审员、法官和罪犯一样，都会遵循人类行为的普遍法则：当他们不必为自己的行为负责任时，他们很可能做出不负责任的行为。有了更好的激励机制，我们才能更好地伸张正义。

八 如何改善其他问题

有创造力是好事，应该得到奖励。相比之下，垄断权就不是什么好事了，应该加以抑制。那么，专利制度是做什么的呢？它通过颁发可以垄断的牌照来奖励发明创造者。

这太疯狂了。比如制作冰激凌是好的，它的制作者应该得到奖励。但没人认为我们应该让本和杰瑞（著名的冰激凌品牌创造者）因此拿到可以酒驾的牌照。奖励好的行为是应该的，但对坏行为进行"奖励形式的惩罚"就不对了。

通常，当这些原则被违反时每个人都会暗中窃喜。我所在的大学过去常用减轻工作量的方式奖励优秀教员。好吧，也许少上一些课并不完全等同于酒驾，但这两者的可笑之处非常相似，而且每个人都看得出来。

同样的道理，我们难道不应该为专利制度的矛盾感到可笑吗？创造发明对消费者有利，垄断权对消费者不利，但我们却通过授予创造者17年的垄断权来奖励他。为什么是17年？据说这是在考虑这件事情时，主张时间太少和太多的两派人之间妥协后的结果。但这个结果既太少又太多了。说它太少了，是因为一项17年专利保护的价值远远低于这项专利的全部社会价值，这说明创造者没有得到足够的奖励，会导致社会上的发明创造越来越少。说它太多了，是因为这种垄断权本来就不应该存在。

那么，还有什么办法可以解决这一问题？解决办法是只奖励成功的发明家，就像我们奖励成功的推销员或成功的棒球运动员一样：根据表现付费。不是用垄断权奖励他们，而是现金。但这笔钱应该由谁支付？巴里·邦兹（著名的棒球运动员）的收入最终是由他的球迷支付的，因为球迷喜欢看他的比赛，愿意为他花钱。同样的道理，谁应该为托马斯·爱迪生付钱？

一个看似合理的答案是——那些喜欢爱迪生发明的人，也就是广大公众，我们可以选出民意代表进行支付。因此，哈佛大学教授迈克尔·克雷默提出：当有人设计出一种更好用的捕鼠器时，他应该获得一项专利，然后政府应该立即购买并将其应用于公共领域。

这一想法有一个成功的先例。1839年，路易·达盖尔发明了摄影技术，法国政府购买了这项专利，并将其应用于公共领域。但克雷默教授似乎是第一个提出将自动专利收购作为一项政策的人。

政府应该如何为专利定价？我们如何知道一项发明的价值？如果总统的弟弟发明了一次性回旋镖（保证不会旋转回来的那种），并喊出10亿美元的价格，我们应该怎么办？

克雷默教授的回答是：每一项新专利都应该进行拍卖。拍卖结束后，抛硬币决定由谁购买。如果硬币正面朝上，由出价最高的人购买并获得专利；如果硬币反面朝上，由政府按照出价最高者出的价格购买并获得专利。这样，政府就不会多支付专利购买费了，因为出价最高者出的价格一般都是公允价格。

对大众更有益的一个办法是，扔一枚可以作弊的硬币。比如这枚硬币在90%的情况下都是反面落地。那么就有90%的专利最终会进入公共领域，这虽然不如100%好，但总比没有好得多。而且，我们必须给私人竞标者一些获胜的希望，这样他们才会认真对待他们的投标。

本来这一切运行得很好，直到一个野心勃勃的发明家让他的朋友参与拍卖，哄抬价格，以此操纵拍卖，最终导致了一个疯狂高价。如果硬币出现反面，政府就需要支付一笔巨款购买该专利；如果出现正面，发明家就会通过他朋友之手购买该专利，相当于从自己手里购买，除了少量手续费，不会遭受任何损失。为了克服这个问题，克雷默教授建议最终成交时以第三高竞标者的出价取代拍卖最高价。要想操纵这样的拍卖，就需三个托儿，而非一个。这虽然不是不可能，但确实会困难很多。正如本杰明·富兰克林所说：只有其中两个人都死了，三个人之间才能互相保守秘密。

你可能觉得发明者会抱怨，第三高竞标者的出价根本达不到自己专利的价值。但请记住，在三次拍卖中，因为已经提前知道了会以第三高竞标者的出价成交，所以人们往往会出价更高。在这样的拍卖中，第三高竞标者的出价很容易与之前的最高出价相同。

此外，若不考虑拍卖规则，政府没有理由必须支付与私人买家完全相同的金额。当硬币出现反面时，政府完全可以以中标价的1.5倍购买专利。克雷默教授认为这是合理的，因为公共持有专利比私人持有专利社会价值更高，毕竟公开的发明创造可以为下一代发明家提供灵感。

政府购买专利的钱从哪里来？当然是税收。如果专利定价是合理的，纳税人得到的将比付出的（税）多得多。这些发明创造最终会通过改进产品和降低价格，让我们获益。这不仅仅是猜测，而是事实。

具体过程是这样的：专利只有在允许专利持有者抬高价格的情况下才有价值。如果一种新型捕鼠器的专利价格是1万美元，那这就是发明者认为他可以从我们身上获取的最高价值。当我们以税收的方式为这种新型捕鼠器支付1万美元时，我们只是付给了发明者他应该得到的部分。作为纳税人，我们少了1万美元，但作为消费者，因为政府对专利的购买，我们可以享受以低价购买新型捕鼠器的好处。所以，我们其实并没有失去什么。

再加上一个额外情况：当新型捕鼠器规模化生产，并进行公允定价时，我们就可以购买到更多的捕鼠器，并且买得越多，优惠越大。我们中的很多人都会对这种交易心存感激，因为我们才是这个游戏最终的赢家。

克雷默教授提议的真正缺点是：使专利变得有利可图通常不会鼓励一般性的发明创造，它只鼓励一种特定的发明创造——适合专利化的发明创造。如果真是这样，它会把人们从其他类型的发明创造中吸引开，比如弄清楚如何改革专利制度。

即使是现在，依然存在很多无法申请专利，但确实意义非凡的发明创造，它们也因此越来越少。所以，当有一个这样的发明创造出现时，我们应该心存感激。

此外，我还有一些想要分享给大家的观点。

怎样改善消防机制

我认为，应该允许消防员合法保留所有他们救出的财产，包括我们所有人的房子。既然消防员可以合法拥有救出来的资产，我们就不用再付钱给他们了。事实上，我们可以拍卖成为消防员的资格，然后用所得收入资助更普遍的减税运动，这样每个人都是赢家。

每个人都能成为赢家，是因为有了更多可分配的财富（消防员救出了财富）；有更多可分配的财富是因为激励机制是正确的。当一名消防员决定是否要冒险拯救你的钢琴时，我们希望他考虑了钢琴的价值后再做出行动。在这种情况下，还有什么比把由他亲自救出的钢琴送给他更好的激励呢？这样，钢琴是在它值得保留的时候得到保留，而不是在不值得保留的时候被勉力救出。这正是让世界变得更加富裕的秘诀。

诚然，这一设想还有很多问题需要解决：确实应该有一种激励措施让消防员愿意拯救钢琴，同样，也应该有相应的激励措施激励消防员拯救生命。除此之外，还应该有一种措施抑制消防员通过纵火增加收入。但话又说回来，这一设想背后的理念是坚实可靠的，也并非前所未有。事实上，它是海商法的一个基本法理。

想象你在海上的一艘船上，船发生了故障。船上有足够多的救生艇供所有乘客使用，但如果船沉了，每个人的财产都会随之沉没。唯一的希望是通过将货物抛出船来减轻负载。

如果为了拯救这艘船，我把你的钢琴扔进大海，谁来承担这一损失？我应该付你一笔钢琴的钱吗？全体乘客应该为你的钢琴募捐吗？还是因为钢琴是你带上船的，你就应该承担全部损失？如果承担这架钢琴损失的人是我，那么只要这艘船看起来还能支撑得住，我就会犹豫是否要为了生存放弃它。如果我完全不必为这架钢琴的损失承担任何后果，那么即使存在最轻微的危险迹象，我也会毫不犹豫地扔掉你的钢琴。这些都是不好的结果。

就像金发姑娘原则（凡事都应有度，量力而行）一样，我们想寻求一条恰到好处的规则——对自己既不过于苛刻，也不过于宽容。法律正是这样规定的。根据共同海损分摊原则，我损失或者应该承担的份额应该等于我的资产占整条船的资产的份额。

假设这艘船及其货物价值100万美元，我的财产占其中的10%。那么，不管是谁将钢琴扔下船，我都要承担10%的损失。如果你的钢琴价值5000美元，无论它是被谁扔的（你、我或者一个神秘的陌生人），我只欠你500美元。

共同海损分摊原则的高明之处在于，它给了我们一个完全正确的原则。如果我扔了你的钢琴，我会得到10%的好处（因为最终保留下的财产中有10%是我的），同时我也要承担10%的成本（补偿你的钢琴损失）。因为这两个比例相等，所以只有当扔掉钢琴的预期效益超过成本时，我才会想要扔掉你的钢琴。也就是说，只有当它应该被扔掉时，我才会想扔掉它。

当然了，这就是正确的激励方法。我们之所以能做到这一点，是因为我强加给别人的成本和效益与我强加给自己的成本和效益完全成比例。这也正是我谈到的关于改革消防机制的观点，消防员承担了百分之百的消防成本，因此根据共同海损分摊原则,他们也应该获得百分之百的效益,比如它们从火灾中救出的你我的房子。

顺便说一句,在我们改革消防机制的同时,我建议使用一种新型火灾报警器———一种只有插入信用卡才能工作的报警器。只有你报告的是真正的火灾时,奖励才会自动划入你的账户;而当你报的是假警时,你将被扣除相应的罚款。不过,在我们想出如何处理消防员纵火营利的问题之前,也许应该慢慢推行这些消防改革。

怎样治理犯罪行为

当你的邻居安装了防盗报警器时,谨慎的窃贼就会选择另一个目标,比如你的房子。这就像是你的邻居雇用了一个灭虫专家,而灭虫专家把所有的害虫都驱赶到了你家。

如果你的邻居在你们两家门前的街道上安装了监控,那么他可能帮了你一个大忙。因此,自我保护的溢出效应要么是正面的,要么是负面的。

有时,溢出效应可以既是正面的,也是负面的。有一种叫"汽车俱乐部"的汽车防窃设备,它的正面影响是:它将使偷车变得无利可图,一部分偷车贼将不得不换一个行当。但这件事的负面影响是:偷车贼可能会变成纵火犯或杀手。还有一个不利因素是,偷车贼会更多地掠夺那些没有"汽车俱乐部"防窃设备的车,比如我的车。

那么当出现了一种只有正面溢出效应的保护机制,该多么地让人耳目一新。比如说LoJack[1]，LoJack有一种隐藏的无线电发射器，可以在你的车被偷后激活并引导警察找到偷车贼（或者找到雇用偷车贼的拆车店）。发射器随机隐藏在车内，所以偷车贼很难找到并关闭它。而且LoJack是完全隐藏的，它不像"汽车俱乐部"，所以没办法看到一辆车就知道它是否安装了LoJack。LoJack永远不会阻止你的车被偷，它只会增加车在被偷后重新找回的机会。

从社会角度来看，LoJack有一个巨大的优势，那就是可以帮助周围的人，而不是伤害他们。"汽车俱乐部"试图说服偷车贼去偷别人的车，而LoJack则说服小偷不要偷车。

而且LoJack确实以显著的效率做到了这一点。在LoJack推出10年后，经济学家伊恩·艾尔斯和史蒂芬·列维特研究了它在十几个城市的社会效应。他们的这项研究任务并不容易，因为正如LoJack的推行会影响汽车失窃率一样，汽车失窃率反过来也会影响LoJack的推行。当汽车失窃率变高时，首先，消费者会购买更多的LoJack；其次，监管机构会采取更多的行动。在厘清了所有这些问题之后，艾尔斯和列维特发现，LoJack确实对汽车失窃率有着惊人的影响。事实证明，LoJack的销量每增加1%，汽车失窃率就会下降20%或更多[2]。那么，那些偷车贼现在怎么样了？他们搬到了其他城市？变成了入室盗窃者？还是成了对社会有用的公民？艾尔斯和列维特也研究了这些更困难的问题，他们的最终结论是：LoJack确实预防和阻止了很

---

[1] 一种汽车防盗系统。——编者注
[2] 大多数经济学家都认为这是列维特最好的研究之一，但在他的畅销书《魔鬼经济学：揭示隐藏在表象之下的真实世界》（*Freakonomics: A Rogue Economist Explores the Hidden Side of Everything*）中却完全没有提及这一点，我们可以想一想其中的原因。

多犯罪，而不是仅仅将犯罪的形式进行了转化。

事实上，拥有一个LoJack每年只需花费约100美元。艾尔斯和列维特估计，每个单独的LoJack每年可防止约1500美元的盗窃损失。在大多数情况下，1500美元的效益并不属于LoJack的所有者，而是属于陌生人。这就意味着，我们应该大力补贴LoJack，反过来讲，对我的邻居安装的防盗警报器或"汽车俱乐部"这样的可视安全系统应该征税。就像过去一样，当你在做一些能让陌生人也过得更好的事情时，你应该得到鼓励。

如果我们都在同一家保险公司买保险，你可能会期望该保险公司能为自己提供一定的补贴安装LoJack。因为只要你安装了LoJack，就可以减少保险公司的理赔，所以，保险公司应该很愿意这样做。但实际上，我们并不是在同一家保险公司买的保险，而是很多家保险公司。这样一来，假如一家保险公司只为10%的民众提供保险服务，那它也只能从LoJack那里获得10%的效益。因此，保险公司将不会为我们提供足够的补贴。

这就出现了一个有趣的问题：假设保险业是被垄断的，一方面，我们必须为保险支付垄断的价格；另一方面，我们将获得LoJack（以及其他许多东西）的补贴。那么总体来说，我们的情况是变得更好还是更糟了？我完全不知道。

除此之外，还有其他形式的"自我保护"，比如持有枪支和税务欺诈。首先我们来说持有枪支。一些经济学家，尤其是约翰·洛特和他的伙伴大卫·马斯塔德，他们认为手枪的推广（更具体地说是合法携带枪支法案的通过）会显著降低犯罪率。也就是说，枪支越多，犯罪越少。洛特的这一结论招致了许多批评，其中一些批评是糟糕的人身攻击和空洞的指责。但也有一些深思熟虑的批评，这些批评引发了许多回合的争论和反驳。我想说的不是这些。相反，我想把重点放在这个问题上：假设洛特是对的，合法持有枪支会减少犯罪率，那这是否意味着我们应该补贴枪支持有者？答案是：当然不应该！不是所有可能有好处的事物都应该得到补贴，否则我们该补贴的就太多了。该不该补贴枪支持有者完全取决于枪支到底是如何减少犯罪的。

第一种可能性：我携带枪支导致劫匪放弃犯罪，从而保护了大家。这时，枪的作用就像LoJack一样，我应该为携带枪支得到一定的补贴。

第二种可能性：我携带枪支保护了自己，但对其他人没有产生影响。劫匪在街上拦住了我，我用枪指回他，于是他决定不干了，今晚回家休息。这时，我已经有足够的动力携带枪支了，所以没有理由进一步鼓励我。

第三种可能性：我带枪只是为了保护自己，但因此劫匪会对其他人下手。这一可能性与有关枪支减少犯罪的实证研究结果完全一致：劫匪在街上拦住我，我用枪指回他，那么有一半的可能性他会选择回家休息，而另一半的可能性他会寻找新的受害者。通过这种方式，枪支确实降低了整体犯罪率，但仍然产生了负面的溢出效应。这时，持有枪支就像给汽车安装"汽车俱乐部"一样，应该被征税。

更详细地说（如果你喜欢这个话题），假如我很乐意花100美元买一把枪，这会让我避免150美元的抢劫损失。同时，这会导致你损失75美元。也就是说，我花了100美元，而你损失了75美元。把你和我的损失加在一起来看，对我来说，放弃购买枪让劫匪拿走150美元会更便宜，所以我不应该带枪。

至于税务欺诈，也一样有多个可能的场景。支持这种观点的人认为，由于普遍的偷税漏税行为会使政府的某些做法（有时是对社会不利的）更难进行，那么偷税漏税可能是一种有益于社会的行为。但是，只要政府可以通过提高我的税收来抵消由你的偷税漏税行为导致的损失，那么税务欺诈行为在本质上就跟安装防盗警报器一样，只是将窃贼从你的房子转移到我的房子而已。

怎样避免交通事故

每个仲夏的傍晚6：03左右，夕阳的出现都会让我家门前街角处的交通灯难以被向西行驶的车辆看清楚。因此，我跟当地的警察已经相当熟悉了，因为我们每周都会在我家门前的草坪上碰面，在那里给刚出事故的受害者送水、毯子和手机，而警察则会在草坪上整理档案。

这简直是现代汽车交通安全的一个惊人胜利，几十辆汽车撞毁在我家门前的草坪上（有时是在我家的其他方位，最壮观的是看到它们冲进了车库），而没有一次造成严重的人身伤害。而法律制度令人震惊的失败之处在于，我完全没有得到任何激励，好让我乐意在下午6：02的时候准时拿着一面大红旗走到家门口指挥交通，直到太阳消失在地平线上。

我的朋友戴维·弗里德曼提议对交通事故法进行彻底修订：当两辆车相撞，造成总价值（比如说）1万美元的损失时，事故现场1英里范围内的每个人都应该被要求支付1万美元的罚款。这样，任何看到或预计即将发生事故的人都会采取一切合理范围内的措施，防止交通事故发生（比如通过指挥交通或疯狂鸣笛来警告即将发生的危险）。

我认为这个计划实施起来有一些困难。比如，为了避开事故高发地区，人们会选择效率更低的长途路线，甚至完全取消行程。再比如夏天时，我通常会在办公室待到下午6点以后才离开，这将极大地抑制我阻拦事故发生的积极性。而且，让我有更大的动机贿赂受害者否认发生过事故。这个计划如若真的实施，将会是一场噩梦。

无论该计划是否可行，弗里德曼的主张都很好地点明了一个关键点：如何获得正确的激励。而敲定过错方与这个问题完全无关。

在过往很长一段时间里，我们对这一点的理解非常混乱，至少可以追溯到1597年。当时两名英国农民卷入了一场被称为布尔斯顿案件的法律纠纷。一个农民种玉米，他的邻居养兔子，这只兔子会吃玉米，而且不管谁家的玉米都吃。当他们最终走上法庭时，法官们做出了一项裁决：因为养兔子的农民实际上并不拥有兔子（他只是挖洞诱捕了兔子），所以他不能为兔子的行为负责。因为这项裁决过于经典，直到20世纪，后来的法院都在不断重申这一裁决。

根据这种推理，当我燃放烟花烧毁了你的房子时，我不用承担责任，因为我实际上并不拥有火花。然而没有一个支持布尔斯顿判决的法庭在这一判决上可以达成内部的完全一致。从法律的角度看，兔子问题和烟花问题不一样，不能适用同一原则。

法官们的逻辑难以成立，但最后有一位经济学家，而且是一位非常优秀的经济学家，居然也受此影响，脱离了正确的轨道。阿瑟·塞西尔·庇古写了一本关于福利经济学（研究福利问题的经济学分支）的书，他重新审视了"兔子大论战"，并宣称追溯所有权偏离了问题的关键，而他则抓住了真正的关键点。庇古说，关键问题不是所有权，而是过错，有过错的是养兔子的农户，所以无论如何他都应该承担责任。

但这也是错误的，我马上会解释原因。在这一点上，法官们犯了一个错误，而像庇古这样的经济学家则犯了另一个错误。最后的结果是，一位律师看穿了糟糕的经济学，一位经济学家看穿了糟糕的法理。碰巧的是，这位律师和经济学家是同一个人，即法律经济学家（诺贝尔奖得主）罗纳德·科斯。

科斯是这样说的。首先，不要忽视问题：兔子吃了玉米。其次，不要忽视原因：兔子吃玉米是因为兔子在玉米附近。最后，不要忽视对称性：兔子和玉米的距离与玉米和兔子距离完全相同。因此，双方都有过错。无论是赶走兔子，还是移走玉米，都能解决问题。

如果你的目标是以尽可能低的成本解决问题（这显然是庇古的目标），那么谁是过错方就无关紧要了。相反，谁能用最低的成本解决这个问题才是关键。养兔子的农户能不能竖起篱笆？能不能把兔子关在笼子里？能不能把兔子转移到其他地方？能不能诱捕狐狸而不是兔子？种玉米的农民能不能竖起篱笆？能不能使用驱兔剂？能不能搬到另一个地方？能不能种甜瓜而不是玉米？为了以最低成本解决问题，首先要找出谁有最便宜的解决方案，然后给他以相应的激励。经济学理论无法告诉你这两个问题有什么区别，而可以肯定的是，找出过错方与如何解决问题完全无关。

庇古最大的错误是对公共水源原则的误用。他看到兔子造成了负面的溢出效应，认为应该对养兔子的农民加以劝阻，但他没有看到溢出效应带来的负面影响是双方的。如果我的兔子吃了你的玉米，我就损害了你的利益；但如果你把我告上法庭，你就损害了我的利益。这些都是溢出效应，劝阻哪一个更重要就取决于谁造成了更大的损害。

科斯的深刻观察不仅适用于兔子问题，它还彻底改变了经济学家对污染的看法。

怎样治理污染问题

我的一位同事提出了一个新的课堂要求：他提出一个问题，然后点名让一个不举手的学生回答。如果学生不想被点名，只要举手就行了。这么做有一个好处，学生们会被迫集中注意力听课，至少他们要知道什么时候该举手。除此之外还有一个好处，知道答案的学生不必担心自己在空中挥舞双手看起来像个傻瓜。对很多学生，尤其是大一新生来说，这真的是一个很好的激励方式。因为他们在高中学到的是积极举手，但是在他们看来，展现过高的学习热情一点儿也不酷。

当然了，如果能在高中阶段就解决这个问题会更好。比如给优秀的学生提供非常酷的奖励，从而让学生觉得在乎获奖本身就是一件很酷的事情，这样他们就可以既努力学习，同时让自己看起来也很酷（比如"不，我不在乎成绩，我只是想要去脱衣舞俱乐部的免费通行证"之类的）。或者，我们可以用一些方法把努力的学生和偷懒的学生区分开来。比如从六年级开始，就给一些班级提供免费的百科全书，给另一些班级提供免费的香烟。学生可以自主选择想去的班级，这样应该就能很好地解决如何区分学生的问题。

一般来说，通过简单的"隔离"就能解决很多问题。比如建造一个禁烟区,就可以让人们更加友好地相处。

公共水源原则的另一个知识点是:如果杰克喜欢往河里倒污泥,吉尔喜欢游泳,有时最好的解决办法是把杰克和吉尔分开;有时最好的办法是鼓励吉尔去别的地方游泳;有时最好的办法是鼓励杰克别倒污泥,先看着吉尔游到上游。就像有时"兔子大论战"的正确解决办法是换一个地方种植玉米。

的确,我在这本书中反复说,我们应该阻止那些污染公共水源的人,而现在我似乎在说完全相反的话,但其实并不是。这里的重点是,水源并不总是公共的,有时将水源去公共化是最好的选择。

从某种角度来说,吉尔和杰克一样都是污染者。杰克让吉尔无法游泳,但吉尔(尤其当她向立法机关寻求救济时)的做法也让杰克失去了自己合法倾倒污泥的权利。如果我们应该阻止杰克污染环境,以免影响吉尔游泳,那么,我们也应该阻止吉尔侵占杰克倾倒污泥权利的做法。

当我的邻居播放音乐的声音太大时,他给我造成了不便。如果我选择报警,这跟去公园避一避或者戴上耳塞完全不一样,因为这会让我的邻居付出代价。我们中到底谁应该感到郁闷?如果这是一个考试问题,答案将是:信息不足,无法作答。因为这还取决于我的邻居有多在乎他的音乐,也取决于我有多讨厌戴耳塞。

在制定反污染政策时,我们需要考虑这样一个事实:我们除了都在共享公共水源,要承担的成本也是多方面的。空气中充满污染物确实对我不利,但去阻止污染对对方也不利。理论无法明确告诉我们哪一种行为更糟糕、哪一种更重要,因为情况各有各的不同。但我们永远不应忘记的是:有时最好的解决办法是让利益受损的一方回避。

怎样管理成绩分数膨胀

我记得C的评分曾经意味着"平均水平"。可是现在,当我上交学生的期末成绩时,院长办公室的人让我将C视为"可接受的最低等级"。在沃比根湖这边,我们将其称为分数膨胀。

当分数膨胀时,它们能展露的信息就会变少。这一点大家都知道,但只对了一半。一方面,膨胀的分数无法区分仅仅高于平均水平的人和真正优秀的人;但另一方面,膨胀的分数在区分那些水平较差的成绩时做得还不错。比如当平均成绩为B时,我们可以将优秀学生的成绩评为A,较差的学生的成绩归为C、D和F。

这仍然会造成一些有价值的信息缺失,因为雇主更关心的是高分数区间之间的区别,而不是低分数区间之间的区别。因此,大学学位所包含的价值也开始变得不那么有价值。这里有一个简单的例子:对于雇主来说,优等生玛丽的价值是4万美元,优等生简的价值是3万美元。如果分数膨胀让雇主无法区分她们,那么雇主可能会给她们每人3.5万美元。并且,当不能区分玛丽和简的价值时,就很难给她们分配合适的任务,这也会降低她们的平均价值,比如说降到3.2万美元,这是她们两个最终得到的报酬。在这个例子中,简赚到了,而玛丽承担了损失,并且玛丽的损失超过了简的效益。那么,高于平均水平的学生应该反对分数膨胀吗?不一定,因为学生不止靠起薪生活。竞争压力较小也是有好处的,这些优势足以抵消经济上的损失。

此外，学生不用全部承担这些财务损失。随着学位贬值，大学必须削减学费，否则就会失去生源（或者更准确地说，大学必须降低学费或者减少学生数量，而这两者一直都因与分数膨胀无关的原因而增长）。一所维持较高分数标准的大学应该在市场上获得丰厚的回报，因为它颁发的学位证书更有价值。

如果大学因为分数膨胀付出了代价，为什么分数膨胀仍然存在？部分原因是真正给学生打分的是教授，而不是学校，但是教授们面临着不正当的激励。作为教师，他们倾向于对自己的学生特别关注，甚至会因此得到一些不正当的效益。所以有时教授们会给自己的学生打高分，而不管这一举动是否牺牲了选择别人课程的陌生学生。此外，打高分的教授在校园里更受欢迎，但是这种宽松是以学校名誉受损为代价的，好处则集中在宽松的教授和他的课程上。因此，教授们倾向于打高分。问题真正出在教授的利益和大学的利益之间有冲突，我们想的解决办法都应该缩小这一差距，这正是终身教职的用武之地。

非终身教授就像公司债券持有人，只要公司在短期内不出现问题，他们就很高兴。而终身教授就像公司股东，他们与公司的命运息息相关。教授应该有工作保障，就跟美国联邦储备委员会主席有工作保障一样，这是一种对长期、健康关系的尊重。

当然，这并不能证明终身教职完全是一件好事，因为它显然会以各种方式影响教授们的行为，而这些影响与分数膨胀并没有什么关系。在任何情况下，终身教职充其量只是激励政策的一部分，因为即使是终身教授，也只能分享所在大学成功或失败的一小部分。那么让我来提出一些改善建议吧。

首先，大学成绩单可以显示每个教授给出的整体成绩分布，这样雇主就可以分辨每个人成绩的含金量。并且，与会伤害同僚的信誉相反，评分宽松的教授只会损害自己的信誉。第二，院长办公室可以给每个教授分配一个"分数等级预算"，包括一定数量的A、B等成绩数量。一旦你给出去10个A，直到明年就不能再给A了（为了应对一些特殊情况，可以允许教授之间进行讨价还价——比如3个A换5个B，或者偶尔可以从明年的预算中预支一个A）。

分数等级预算并不是强制规定教授的打分，因为它允许教授灵活地在一门课上给出更多高分的同时在另一门课上给出更少的高分。尽管如此，可能时不时还会出现一个教授有4个真正想给出的A，而他只有3个A的名额，那么这些学生中的一个将遭受不公正的待遇。但如果不这样做，得到A的学生就会成为分数膨胀的不公平受害者，因为他们的群体变大了。所以问题的根本不是如何消除不公正（这是不可能的），而是如何将这种不公正最小化。

对于教授个人来说，分数等级预算是一个令人窒息的限制，但这并不意味着这是件坏事。经济学理论告诉我们，当每个人都在污染公共水源时，只要每个人稍微减少一点污染，大家都可以从中受益。被限制总是痛苦的，但如果你周围的人也被限制了，因此产生的效益将完全抵消掉大家被限制所受的痛苦。有了分数等级预算，教授们将被迫给出更少的高分，但他们给出的高分将更有价值。

如果分数等级预算是个好主意，那我们为什么没有这么做？这就是一个政治学的问题了，而不是经济学的问题，所以也许我们应该把这个问题交给其他专家来回答。在这种情况下，经济学家的工作是解释我们应该走向何方，而政治学家的工作是解释为什么我们不能从这里直接到达那里。

怎样缩短排队长度

过去你是否花了太多时间在排队上？这不是一个模糊的价值判断，而是一个精确的经济学计算。排在你前面的人在浪费你的时间，而且他们根本不在乎，可以说这基本上构成了一个小型灾难。

站在你前面排队并故意浪费时间就像把落叶吹到你的草坪上，或者因为有大家分摊账单所以多点了一份甜点。因为不用承担所有的成本，所以我的行为会很放肆。如果我喝一杯酒只用半分钟，而有10个人在我后面排队，就等于我总共浪费了他们5分钟的时间，那么我所喝的这杯酒的价值与浪费的时间成本等同的概率有多大？如果浪费的是自己的5分钟，我还会这样花半分钟喝一杯酒吗？

原则上说，可以通过构建一个市场机制解决这个问题。如果我排在了你的前面，你可以付钱，或者和你后面的人一起集资付钱让我离开。但你没有这样做，因为谈判是一件麻烦事；或者你担心有人会在中间占便宜，骗取你的资金；又或者你不想看起来像个经济学书呆子。所以你和我错过了一次互惠互利的交易，这很不幸。

还有一个解决方案：改变规则，让每个新来的人都排在队伍的前面而不是后面。这样后面的人就会放弃（好吧，实际上他们会离开队伍，试图作为新来的人重新排到队伍前面，但让我们假设有某种方式可以阻止这一点）。平均而言，这样我们会花更少的时间等待，并因此感到更开心。

如果这听起来很疯狂，那么听听这个例子：想象一下，城市公园里有一个饮水喷泉，还有一些同样口渴的慢跑者，他们一个接一个不停地跑过来。每个慢跑者都看到了这支排队喝水的队伍，他们会决定是否要加入这个队伍。因为他们都同样口渴，所以他们对这支队伍的长度或者等待时间有相同的要求。假设他们最多能接受的是一支12人的队伍。那么，只要有12个人在排队，慢跑者就会放弃这个饮水机会。而每当队伍的长度降到11个人时，就会立即有人加入将队伍恢复到12个人。

这一点很糟糕。这意味着这支队伍总是处于每个人能容忍的最大长度。排队的人永远不可能比那些看到了队伍然后跑过去的人更快乐——因为如果他们更快乐，队伍的长度就会变得更长。那么，既然这个饮水喷泉不会让任何人感到开心，那它就失去了存在的意义。

但如果我们让新来的人排到队伍的前面呢？因为我们假设不断有新的慢跑者跑过来，他们会排到第一位，这样排在第二位的人将永远喝不到水。因为只要轮到他的时候，别人就会插到他的前面。所以，只要看到有人在喝水，慢跑者就可以立即跑过去。如果慢跑者足够幸运，正好在别人要喝完的时候加入，他马上就可以成为下一个喝到水的人。

这是一个很好的结果，因为没有人会在排队上浪费时间。你可能会认为这有一个缺点，那就是很多人根本没法喝到水，但这种缺点只是一种错觉。在传统排队机制下，也有很多人根本喝不到水，也就是那些因为队伍太长从来不排队的人。在这两种机制下，饮水喷泉都在持续被使用，也就是说这两种机制都能为相同数量的饮水者提供服务，唯一的区别就是队伍长度。

现在，让我们再调整一下这个例子，使其更加真实：假设新来的人不是源源不断地到达，而是偶尔地、不可预测地到达[1]。那么，由于新来的人会排在队伍的前面，对他来说停下来喝一点水总是值得的。但如果别人在他喝完之前就出现了，他就得排到后面。如果新来的人使队伍变长了，他就会离开。

这会使队伍一直保持很短，这一点很好[2]。事实上，这不仅仅是更好，这简直就是最理想的情况。我们总能得到最理想的队伍长度，原因如下：加入队伍是一件不需要动脑筋的事情。唯一艰难的决定是是否离开这支队伍。而这个决定是由后面的人做出的，如果他选择留下，他不会伤害任何人；如果他选择离开，他也不会帮助任何人。

换句话说，这一机制使得决策者感受到了自己行动的所有成本和效益，而这正是完美的原因。

为了解决这一问题我们做了很多假设：我们假设人们有足够多的信息判断什么时候该退出队伍，这意味着他们知道当前的队伍长度和新来的人的预期频率。我们还假设每个人都同样口渴，如果没有这一假设，当不那么口渴的新来者取代更口渴的人时，我们会得到糟糕的结果[3]。我假设有一种方法可以防止人们离开队伍的末端，重新回来排在队伍前面，就像传统机制假设有一种方法可以阻止人们插队一样。

这些假设在电话客服的排队中同样适用。电话客服的工作

---

[1] 为了使这个论点更精确，我们需要假设慢跑者的到达时间和饮水所需的时间都是泊松分布的。

[2] 另一方面，我们并不总是希望没人排队，因为那样就代表饮水喷泉在闲置。

[3] 因为如果某些人比其他人更口渴，新来的人可以排到前面的机制就不够理想，但它可能仍然比我们现在的机制更好。

原理是这样的：假如你打电话给微软客服寻求安装系统的帮助。最初客服人员会显示目前的来电平均频率，并说明每个新的来电都会插到你的前面。每隔1分钟左右，客服人员会提示你在目前排队中所处的位置。如果你挂断电话并再次回拨，以排在队伍前面，微软客服不会接通你的电话。对于那些真正有紧急情况的人（比如那些在饮水喷泉旁极度口渴的顾客），可以付费加入一个单独的队列，这个队列当然会更短。

这听起来是不是很疯狂？那是因为你完全没有考虑过这样做会缩短平均等待时间，这一机制可能足够疯狂，但也足够有效。

第三部分
令人挠头的日常经济学

如果你的办公桌上有一台电脑，那么你的工作效率可能会比你同样受过良好教育的朋友高出10%~15%，因此你的收入也会高出10%~15%。

你可能会感到惊讶，尤其是当你的屏幕上不是挤满了即时消息窗口，就是纸牌游戏。但数据就是这么显示的。

不止一位优秀的经济学家试图得出这样的结论：你可以给一个普通的笨蛋一台电脑，他的工作效率就会提高10%~15%。因此，当经济学家约翰·迪纳尔多和约恩-斯特芬·皮施克发现，办公桌上有铅笔的员工，他们的工作效率也可以提高10%~15%（工资也提高了10%~15%）时，这些经济学家（和其他所有人）都大吃一惊。

没有人会一本正经地为一支铅笔是否可以提高15%的工作效率而争辩，相反，真实情况就是工作效率最高的员工与他们桌面上的铅笔有关，而工作效率较低的员工可能则与拖把有关。就我们所知（至少从我在这里引用的证据来看），计算机会提高工作效率也是如此。

这个故事的寓意是：不要急于下结论。经济学可以解释日常生活中的很多东西，比如我们在家里和工作场所会采取不同的行为方式。但即使事实已经很明确了，事实背后的原理也可能是模糊不明的。有时候，会有勇敢的研究人员弄清楚背后的原理。其他时候，我们则会因为一些现象困扰得挠头，所以我将从几个令人挠头的问题开始讲述。

九　想一想这几个问题

在过去的30年里，只有一个经济变量年复一年地保持着强劲稳定的增长：购物车的大小。根据与我刚刚交谈过的超市经理的说法，今天的购物车的平均大小几乎是1975年的3倍。这是值得注意的，因为在1975年，经济增长已经开始了，而且对经济学家来说，已经明确增长好几年了。

事实上，拉尔夫·纳德最先弄清楚了这一点，并将其作为消费者被肆无忌惮的资本家操纵的最好例子。据纳德说，更大的购物车是为了让消费者感到羞愧，从而购买更多的东西。

即使我们接受了这个可疑的假设，即一个普通的购物者会因为周围人看到他推着半满的购物车去收银台而感到尴尬，纳德先生接下来的解释也缺乏基本的逻辑。它最多只能解释为什么购物车很大，而不是它们为什么会越变越大。一旦一些聪明的杂货商发现，大购物车意味着大采购，购物车的大小应该一下子就会变大才对，而不是随着时间的推移逐渐变大。在纳德提出这个观点后不久，他的说法就开始出现在芝加哥大学经济学系的考试中，通常会有这样的问题：解释一下为什么纳德先生的说法是错的，并提供一个可能正确的替代解释。教授们希望看到的答案是：直到最近（当时的最近），大多数家庭都有一名成员（通常是妻子），其工作内容包括每周一次的购物之旅。但女性逐渐进入劳动力市场改变了这一切，购物之旅变得不那么频繁，导致每次购物之旅人们都想买更多东西，购物车也就逐渐变大了。

有一个关于研究生的笑话，研究生们发现他们每年的考试题目都一样，但答案却不尽相同。随着购物车问题逐渐上升到一个传奇的学术地位，学生们开始竞相提供新的、更具创造性的解答方案。现在，我会主持每年经济学系的优等新生研讨会，我经常在第一天就把这个问题抛给学生们。令我高兴的是，每个学期都会出现一个我之前从未听说过的好答案。

答案一：人们现在比30年前富裕得多，他们更愿意在过道宽阔的场所购物，并且为此支付更高的价格。当然，宽阔的过道意味着更大的面积和更多的投资，也就推高了商品的价格。并且，如果你愿意在过道宽阔的场所购物，你可能也想要更大的购物车。（事实上，这一观点并非来自学生，而是我的父亲。感谢我的父亲。）

答案二：现在的房子比30年前大多了。这意味着食品储藏室里有了更多的空间，这样人们就可以在每次购物中购买更多的食物。

答案三：人们现在更富有了，他们更有可能一顿饭做好几道菜，这样就需要购买更多的物品，也就需要更大的购物车。

答案四：人们现在变得更忙了，更有可能分开吃饭，而不是一家人一起吃饭。因此，每个家庭每天需要做更多次的饭（当然，这也可能导致另一种结果：各自忙碌的家庭更有可能在餐馆吃饭）。

答案五：技术进步使得每个家庭成员都能吃到自己喜欢的食物，冷冻快餐也变得越来越好吃了，所以一个五口之家比以前更有可能吃五份冷冻食品，而不是分享一份肉饼。有时，即使是很小的创新也会对人们的购买习惯产生巨大的影响。当包装好的派只有14英寸大小时，苹果口味最畅销。而当7英寸的派上市后，苹果口味立即跌至第五位左右。这是因为在过去，全家人必须就派的口味达成一致，而苹果口味是每个人的第二选择。现在，每个人都可以吃自己喜欢的口味，所以很少有人选择苹果派。

答案六：今天，使用信用卡的购物者可以购买到更多的东西，至少比过去使用现金时更多。能想到这一点很好，但信用卡也会起到相反的效果：在过去，人们必须先去银行取钱，再去超市，这很不方便。所以人们会尽可能减少去超市的次数，导致每次购物时会进行大量采购，需要更大的购物车。而有了信用卡之后，人们可以随时去超市买牛奶和鸡蛋，也就不用那么大的购物车了。

你可以随时打电话给购物车制造商，询问他们为什么要将购物车制造得越来越大，但我怀疑你并不会得到什么有用的信息。因为，制造商可能意识到他们的客户想要更大的购物车，但他们不一定知道为什么。

当我在一篇专栏文章中提到这个传奇的"购物车谜题"后，收到了很多有趣的电子邮件。读者苏珊·普罗万认为，现在单身母亲越来越多，购物车不仅要能装下更多的东西，还需要为孩子们留出空间。还有不少读者指出,现在超市里还会出售电视机、影音播放机、垃圾桶等其他非食品商品。可能是因为今天的职业女性没有时间一次逛六家不同的商店,更需要一种集所有商品为一体的超级市场。随着这种超级市场的普及,购物车也越变越大。

也有一些读者指出,如今的购物者更有可能开车采购,并且这些开车的人更有可能驾驶SUV(运动型多用途汽车)和小型货车,这些车有更多的空间放置购物袋。在这一点上,我收到了来自帕梅拉·纳达什和格雷格·多伊尔经过深思熟虑的电子邮件。多伊尔想得更深:更多的车意味着更大的停车场,这些大型停车场则要求超市设在城郊,因为那里的土地更便宜。设在遥远城郊的超市意味着更长的购物路程,更长的购物路程促使购物者囤积商品,减少购物次数。

但我要将"最佳电子邮件"奖颁给凯文·波斯特尔韦特,他给我发了11个观点,其中包括:变大的购物车同样会变得更坚固、更难偷,所以商店更愿意采买大型购物车;今天,人们变得比以前更富有,也更浪费了,所以需要购买更多的商品,也就需要更大的购物车;还是因为人们更富有了,所以更愿意买之前不会买的商品,比如会用苏打水、果汁代替自来水,用一次性尿布代替可重复使用的尿布;商品条形码扫描仪的使用让购物变得更加方便了;人们过去常常带着孩子购物,所以需要推多个购物车,现在孩子们都在托儿所,成人只需要推一辆大型购物车就行了。

可以看出,苏珊·普罗万的观点(人们需要更大的购物车,因为他们带着孩子)与凯文·波斯特尔韦特的观点(人们需要更大的购物车,因为他们不用带着孩子)是矛盾的。这些观点中的许多都有可能是正确的，但我也知道有很多是错误的。请记住，我们试图解释的不是购物车为什么很大，而是它们为什么变得更大了。所有关于大购物车优点的观点，比如可以留给手提袋空间、留给孩子空间、留给更多商品空间等等都应该被推翻，除非它们能同时解释为什么如今这些多出来的空间比1970年的更有价值。

学会识别糟糕的观点是一项宝贵且罕见的技能，看看人们是如何对汽油价格胡言乱语的吧。

每当油价急剧上涨，就会有一些经济学文盲将其当作石油公司之间相互勾结或它们是垄断势力的证据。事实上，油价大幅上涨恰恰是石油公司之间相互勾结或垄断的反面。因为合谋者和垄断者不必等待供求关系的变化来提高价格，他们随时都可以提高价格，压榨我们。当然，供求关系的变化给了他们更多调整的余地，所以油价会上下波动，只不过幅度相对较小。

垄断行业的客户对价格总是很敏感，因为如果他们对价格不敏感，垄断者就会不断提高价格，直到他们对价格敏感为止。因此，即使市场条件发生变化，垄断者也很少能够大幅提高价格，价格大幅波动恰恰是市场竞争的证据（顺便说一句，这些都是标准教科书中的内容）。

下一次，当有人告诉你只有垄断才能让夏季油价上涨时，问问他是什么让整个冬季的油价保持在较低水平的。正确的答案是，这都是竞争导致的结果。

人们之所以会犯这种错误，是因为他们经常混淆高价和涨价之间的区别，就像拉尔夫·纳德和我的一些学生混淆了大型购物车和不断变大的购物车之间的区别一样。我会让我的学生认真思考购物车问题，这样他们以后就不会在同样的垄断定价上犯错了。

变大的不只是购物车，还有推着它们的人。

以佐治亚州人为例。佐治亚州是玉米面包、烧烤、桃子派的故乡，也是一大批肥胖者的故乡。确切地说，佐治亚州21.1%的人口是肥胖者。玉米面包、烤肉和桃子派无论是10年前还是10年后都一样好吃，但在10年前，佐治亚州只有9.5%的肥胖者。这是为什么？不管这中间发生了什么，可以看到的是，这些年的变化非常显著——肥胖者在各个年龄、种族、性别和地区都急剧上升。美国肥胖者最多的地区是南部：5个最"肥胖"的州中有4个分布在梅森–迪克森线（美国宾夕法尼亚州与马里兰州之间的分界线）以南。但是从全国来看，肥胖的蔓延也十分惊人，以佐治亚州为首，其次是新墨西哥州、弗吉尼亚州、加利福尼亚州和佛蒙特州。1991年，全国有超过12%的人肥胖。8年后，这一比例接近20%。

你是否也是变胖潮流中的一个？从你的身高开始，以英寸为单位，取它的平方数，然后再取结果的4.25%。如果你的体重超过这个数字，你就是肥胖者。如果想知道你是否仅仅是超重，可以取结果的3.5%而不是4.25%进行比较。

那么，在过去10年左右的时间里究竟发生了什么？没错，有一件事改变了，那就是麦当劳的分量。在1970年，麦当劳只提供一种分量的炸薯条。但在今天，这种分量被称为"小份"；后来，麦当劳引入了一种新的分量，称之为"大份"，但在今天，这种分量被称为"中份"；如果你对这种分量还不满足，现在还有一种更新的超大分量。那么，我们是不是因为吃得更多而变胖了呢？先别急着下结论：更大的分量并不一定意味着更大的饭量。分量少的时候，你可以买2份薯条；现在，薯条的分量变大了，但你可以买一份超大份与你的家人分享。还有多少食物是这样的？我们根本数不清。

即使现在人们会吃更多的薯条，但还有一个问题：先有鸡还是先有蛋？是更多的食物导致了肥胖还是肥胖导致人们会吃更多的食物？是麦当劳一时心血来潮决定把我们养胖，还是他们的市场调查显示，肥胖的客户会吃更多的食物？我赌是后者。毕竟，1970年的麦当劳大概和今天一样贪婪，如果我们在1970年也想要一份超大份薯条，我们大概率也会得到它们。从这个角度来看，肥胖可以说是现代人"主动"选择的结果。这意味着我们仍然需要弄清楚人们为什么会这么选择。

我们来看看还有什么变化。10年前，如果你不去报摊，或者至少走到自家邮箱前，你甚至不能阅读当天的报纸。但是今天，你可以坐在你工作时的同一张椅子上不动，浏览世界上任何一份主要报纸、与朋友聊天，并完成一半的购物。那么，是比尔·盖茨让我们变胖了吗？

事实表明并非如此。在电脑拥有量最低的州，肥胖率往往最高，即使剔除了收入的影响，情况也是如此，这一证据与"计算机是魔鬼的工具"的说法相悖。相反，电脑似乎可以让我们保持苗条。也许是因为电脑的吸引力太强了，以至于我们忘记了吃东西；或者每次系统崩溃时，我们都在无声的愤怒中燃烧了大量热量。

那么吸烟是否与肥胖相关？相比以前，很多人都戒烟了，这也许就是他们变胖的原因。但数据展示了一个不同的故事。的确，在20世纪90年代，吸烟率下降的25个州，肥胖率上升了55%；但在吸烟率上升的25个州中，肥胖率上升了59%。明尼苏达州的吸烟率下降得比其他任何地方都快，肥胖增长率也仅排全国第38位；但新墨西哥州的新烟民数量居全国之首，肥胖增长率却排名全国第二。

还有什么变化？收入增加了，但收入对肥胖的影响是双向的：随着我们变得越来越富有，我们可以买更多的食物，但我们也可以买更高质量的食物，去更高质量的健身俱乐部。总的来说，收入变化和肥胖之间没有统计意义上的显著相关性（正反方向都没有）。

还有什么发生了变化？20世纪90年代初发生了什么可能引发肥胖流行？是著名的电视主持人拉什·林堡的出现让肥胖变得更时尚了吗？还是《美国残疾人法案》的出现减少了肥胖者在就业市场上的不利影响？

是不是这样：20世纪90年代不仅出现了拉什·林堡，还出现了一些神奇的药物，如普伐他汀和立普妥，它们可以显著降低胆固醇，延长预期寿命。医学已经进步到了如此地步，谁还需要克制自己保持身材呢？当然，肥胖仍然对身体有害，但它的危害不像以前那么大了。肥胖的"价格"（以健康风险衡量）下降了，所以"理性"的消费者会更多地选择肥胖。

随着人类基因组研究项目的成功，更大的医学进步即将出现，这将使肥胖的"价格"变得更低。今天，人们不断增加的腰围可能只是反映了我们对未来医疗技术的信心。

如果你不喜欢这个分析，那么还有另一个：我们生活在低脂肪食物的时代。每份食物的热量越少，我们就可以吃更多的食物。所以，低脂肪食物带来的净效应既可能是体重的增加，也可能是体重的减少。

如果每晚吃一勺本和杰瑞冰激凌会让你的体重增加10磅，你可能会觉得不值得。但是，如果每晚吃一勺低脂冰激凌只会让你的体重增加5磅，对你来说，这也许是一个可以接受的交易。因此，当低脂冰激凌上市时，一个理性人很可能会吃更多的低脂冰激凌，并因此变得更胖。当然，其他理性人也可能会因为吃低脂冰激凌变得更瘦。因此，低脂食物的净效应可能是整体肥胖率的上升也可能是下降。

总的来说，这就是我的理论，或者更确切地说，是我的两个理论：肥胖症的流行是由医学进步和低脂肪食物共同引起的。我不确定我的理论是否正确，但这肯定比指责麦当劳更合理。

有一个奇怪的现象：在工业化社会，失业和房屋自有率如影随形。

在瑞士，大约1/4的公民拥有自己的住房，瑞士的失业率仅为2.9%；在西班牙，通常情况下房屋自有率在75%左右，失业率却达到了惊人的18.1%；葡萄牙的房屋自有率介于瑞士和西班牙之间，失业率为4.1%，处于中低水平。

无论你是比较国家（如西班牙和瑞士）还是较小的地区（如东安格利亚和约克郡，或艾奥瓦州和内华达州），都会出现同样的结论。无论你看的是某一时间点的情况还是跨越几十年的趋势，也是一样。平均而言，房屋自有率每增加10%，失业率就会增加2%，这个结论可以部分解释全球失业率。

华威大学的安德鲁·奥斯瓦尔德教授首先注意到了这一点。他认为，房屋自有会使人们在地理上受到束缚，从而导致失业。比如拥有住房的失业者只想在离家不远的地方找工作，而失业的租房者更愿意搬到工作机会更多的地方。

这一理论经得起验证，因为它预测了房屋所有者的失业时间会更长，而不会更频繁地失业。事实上，奥斯瓦尔德教授的理论至少通过了一个版本的测试：在过去几十年里，随着房屋自有率的上升，人们的失业时间也有所增加，但失业频率几乎没有变化。不过也许因果关系是相反的，也许是失业导致了房屋自有率变高。我的同事马克·比尔斯指出，如果你失业了，就会花很多时间待在家里，所以你会想买一栋漂亮的房子。更有可能的是，当某个地方的工作机会变少时，租房者会搬走，但是房屋所有者会留下来。从另一个角度看，经济蓬勃发展的地区往往会吸引很多只想短期租房的新来者。

或者，房屋自有率和失业就像槲寄生和蛋酒，它们往往会同时出现在圣诞节，但是很难说清它们之间的因果关系。那么，是什么力量导致了这两者的同时出现？最有可能的原因是年龄和财富，这两个因素都会让房屋自有和长期失业同时出现（年轻人和穷人会更拼命地找工作）。

我的同事艾伦·斯托克曼平时比较愤世嫉俗，他提出了另一个原因——监管环境。他指出，在监管机构胡作非为的地方，租赁市场和就业市场往往秩序混乱。以纽约的房地产市场为例，纽约的出租公寓贵得离谱，这在很大程度上是因为纽约的住房法使得驱逐不良房客几乎是不可能的，所以房东对将房子出租给陌生人感到不安。同时，劳动法也使得解雇一个糟糕的员工变得很难，所以雇主在招聘时也趋于保守。

也有可能这些数据本身是错误的，因为在收集这些数据时可能存在一些隐藏的偏颇。比如当你统计失业人数时，也许很容易忽视一个暂住者；但当你统计房屋自有率的数据时，却很难忽视一个房主。

如果奥斯瓦尔德是对的，那么世界上大部分失业都是由房屋自有率造成的。而在西方，几乎所有国家政府都会补贴房主。

  这里不是想证明拥有自己的房子是件坏事，只是说失业可能是住房稳定的小小代价，特别是当涉及孩子的时候。如果你与家人在上学期间（6~15岁）搬过家，那么你高中毕业的可能性通常会下降16%，你在24岁时"不从事经济活动"（失学和失业）的概率会上升10%。而且，如果你是一位女性，那么你在青少年时期没有非婚生育的概率会下降6%。

  不过再一次，我们还是没能弄清楚原因。将这些统计数据公之于众的社会学家罗伯特·哈维曼和芭芭拉·沃尔夫发现，即使控制了收入、种族、宗教、家庭人口、残疾和母亲的工作状况等因素，上述结果仍然存在。所以，我们很难用一个简单的理由解释上面的结论，比如"会搬家的家庭往往很穷，而穷孩子往往会失败"。想要明确搬家会导致不良后果，还有很长的路要走。至于什么是正确的说法，也需慢慢探索。

  我不知道为什么搬家的孩子在学校表现这么差，也不知道为什么房主这么容易失业；我不知道为什么我们变得这么胖，也不知道为什么我们的购物车变得这么大。把原因和结果区分开来并不容易，但是，正如我打算在接下来的几章中展示的，这也不是不可能。

十 哦不！是个女孩！

如果想维系一段婚姻关系，那么你听到的最不吉利的一句话可能就是："生的是个女孩。"世界各地都存在这样的情况：生男孩更容易维系婚姻关系，生女孩则更容易破坏婚姻关系。

一个有女儿的美国人比一个有儿子的美国人离婚的可能性高出近5%，女儿越多，这个影响越大；3个女孩的父母离婚的可能性比3个男孩的父母高出10%。在墨西哥和哥伦比亚，这个差距更大；在肯尼亚，这个差距也很大；在越南，这个差距简直是巨大的，越南女孩的父母离婚的可能性比男孩的父母高25%。

经济学家戈登·达尔和恩里科·莫雷蒂从300多万份人口普查中收集了这些数据。当然，相关性不一定代表着因果关系。但在这个案例中，可能就是如此。原因如下：如果找300万人让他们抛硬币，然后根据抛硬币的结果将他们分成两组。这样区分出来的两组人在统计学上看起来是相同的：他们拥有相同的平均收入、相同的平均智力、相同的平均身高。这就是所谓的大数定律，它之所以有效有两个原因——首先，样本量足够大；其次，样本是随机选取的。

我们再做一次同样的事情，根据他们最小孩子的性别再次将这300万人分为两组。同样的事情发生了——男孩父母和女孩父母在统计学意义上是相同的，因为这次区分仍然满足大数定律的前提：巨大的样本量，而且孩子的性别也是随机的，就像抛硬币的结果一样。这两组父母有同样的平均财务压力、同样的平均情感问题和同样的平均出轨率，那么剩下唯一能解释离婚率差异的就是孩子的性别。

与抛硬币不同的是，性别比例并不完全是一半一半（男孩约占新生儿的51%）。但没关系，这只是意味着男孩的样本比女孩稍微大一点，并不能改变这两个样本在统计学意义上的相似性。

因此，在这种情况下，相关性确实意味着因果关系，除非孩子的性别分布不是随机的。但是为什么会这样？为什么婚姻不幸福的家庭女儿的数量更多？会不会有第三个因素可以同时影响婚姻幸福和孩子的性别？那么，这第三个因素可能是什么？有一个可能性是地位。美国历届总统生儿子的比例是女儿的1.5倍（95∶63），更引人注目的是，《名人录》（*Who's Who*）（样本量更大）中的人所生儿子的总数比女儿多15%〔我的主要依据是生物学家罗宾·贝克在其著作《精子战争》（*Sperm Wars*）中的内容〕。

那么，为什么地位高的父母生儿子更多？大概是因为儿子更有可能给家族带来很多孙辈（贝克指出，摩洛哥的一个皇帝有888个孩子），而女儿更有可能拥有平均数量的孙辈。另一方面，地位低下的男孩比地位低下的女孩更容易一辈子没有子女（平均而言，男孩和女孩的后代数量相同，因为每个人都必须有一个母亲和一个父亲。但女孩的数量集中在平均水平附近，而男孩数量则偏向两个极端）。因此，如果你想要很多孙子（不管你想不想要，你的基因决定了你想要），并且你的社会地位很高，你就会生更多的儿子，但如果你的社会地位比较低，你更愿意选择生女儿。那么现在的问题是：造成这一切的机制是什么？生物学家认为（对经济学家来说也很有意义），当孕妇的身体决定为胚胎提供营养时，会考虑父母的状况和胚胎的性别。高地位母亲会给予男性胚胎更多的营养；地位低下的母亲会给予女性胚胎更多的营养，而营养更好的胚胎更有可能存活并出生。

在孕妇的身体选择滋养胚胎时，是否会被人类社会地位这样的信息影响？当然了，这种事情经常发生，人们会因正在靠近的老虎而恐惧出汗就是一个很好的例子。并且，给胚胎提供多少营养是孕妇身体所面临的最重要的经济决策之一，所以，当它做出如此关键的决策时，怎么可能忽略高度相关的信息？

因此，"地位高的父母会养育更多儿子"的说法背后既有数据支持，也有合理性论证。如果地位高的父母更有可能维持婚姻，那么也许我们为离婚数据也找到了新的解释。

第三个因素的另一个可能性是压力。在许多物种中，受到压力的种群会产生异常多的雌性后代。甚至有一些证据表明，在人类中也是如此。在德国东部地区，在制度转型和向市场经济艰难过渡的痛苦岁月里，失业率达到了历史最高水平，女孩的出生率也是如此（但在大萧条时期，性别比例并没有发生类似的变化）。所以，如果压力既会导致父母离婚又会导致生女儿，那么也许女儿并不会导致父母离婚。

上述"地位理论"和"压力理论"，以及你可能编造的任何类似理论的问题在于，它们在算术上都是不合理的。要想解释生女儿和离婚之间哪怕很小的相关性，都必须对压力的影响做出非常极端的假设。

例如，假设一半的父母有压力，另一半没有压力。有压力的父母生女儿的概率是55%，离婚的概率是50%；无压力的父母生女儿的概率是45%，离婚的概率是25%。这些数据（尤其是男女比例）已经比实际情况更夸张了，尽管如此，即使有这些强有力的假设，最终得出的生男孩的父母的离婚率为36.25%，生女孩的父母的离婚率为38.75%，差别不是很大，所以"压力理论"根本站不住脚。

我想说的是，在我们决定将两组变量之间的相关性归于某个神秘（或非神秘）的第三个因素之前，也许可以先拿出一个信封，把它翻过来，记下一些数字。如果必须用荒谬的数字才能得到想要的结果，那我们可能就要转换思路了。

如果压力和地位都不能解释离婚的统计数据，那么我们就又回到了起点：生女儿确实会导致父母离婚。当我在《石板》杂志上写下这个结论时，许多读者写信说，去那些证据的吧！他们根本不会相信孩子的性别与父母的离婚决定有关。我最喜欢的一封信来自艾奥瓦州的一位心理治疗师，鉴于提到她的名字不太合适，我们就叫她波佐吧。她指责我认同陈腐的观念，即孩子与父母离婚有关。除非她不是生活在艾奥瓦州，而是远离太阳系的艾奥瓦星球，否则波佐一定会赢得人类历史上最不善观察的心理治疗师头衔。

孩子当然会影响父母的离婚决定。当父母考虑是否离婚时，在很小但不可忽视的程度上，生女孩似乎比生男孩更容易导致父母离婚。接下来的问题就是，为什么？

父母离婚后，孩子通常会和母亲待在一起，所以我们可以把问题简化为：为什么父亲更愿意为了儿子留在婚姻关系中，而不是女儿？（或者说，为什么母亲更愿意为了儿子维系婚姻关系，这样她们的儿子就可以有一个父亲，而她们甚少会为女儿做出同样的事情？）是父亲更喜欢儿子的陪伴吗？是父母认为男孩更需要一个男性榜样吗？是父母担心男孩不能很好地应对离婚带来的打击？还是父母认为一个情感上备受打击的女儿没有一个备受打击的儿子可怜？戈登·达尔和恩里科·莫雷蒂认为，男孩可以让父母维系婚姻关系是因为父母更喜欢男孩。这就引出了一个新问题：父母真的偏爱男孩吗？

我们都知道，中国是这样的。但在美国呢？戈登·达尔和恩里科·莫雷蒂的第一个证据是：有女孩的离异女性再婚的可能性比有男孩的离异女性低得多。女儿不仅会降低母亲再婚的可能性，还会降低母亲再婚成功的可能性。显然，即使在再婚市场上，女儿也是一种"负担"。这可能告诉我们，离异女性潜在的伴侣更喜欢继子而不是继女。

当然，也可能不是这样的。因为离异女性更不愿意让自己的女儿与一个具有潜在攻击性的继父一起生活，所以，虽然再婚的统计数据很有启发性，但我一点也不确定这些数据可以说明什么。

可是，还有更惊人的基于奉子成婚的证据。以一对典型的未婚伴侣为例，他们正等待着自己孩子的出生。假设他们做了超声波检查，检查通常会显示孩子的性别。事实证明，如果孩子是男孩，这些未婚伴侣更有可能结婚。显然，对于未婚父亲来说，与妻子和儿子生活在一起的前景比与妻子和女儿生活在一起的前景更诱人。最后，戈登·达尔和恩里科·莫雷蒂观察到，女孩的父母比男孩的父母更有可能尝试再要一个孩子，这表明更多的父母希望生儿子而不是女儿。

这种情况在美国很显著，在其他国家甚至更显著。在美国、哥伦比亚和肯尼亚，一对有3个女孩的夫妇比一对有3个男孩的夫妇尝试再要一个孩子的可能性要高4%；在墨西哥，这一数据接近9%；在越南为18%；在1982年以前的中国，这一数字高达90%。虽然戈登·达尔和恩里科·莫雷蒂没有提到，但还有一点证据可以支持他们的"父母更喜欢男孩"的假设：收养机构几乎一致报告，被收养的女孩更多。这正是一个父母偏爱男孩的世界才可能出现的情况，因为在这样的世界里，男孩只有出了严重的健康问题，才会被抛弃，出现在收养机构里，但许多女孩出现在收养机构只是因为她是女孩。所以，如果我想收养一个聪明、健康的孩子，我当然会选择女孩。因为在被收养的孩子中，平均来说女孩会比男孩更聪明、健康。即使我更喜欢男孩而不是女孩，我也可能做出这样的选择，只要我更在乎孩子的聪明和健康。

那么，真正的原因到底是什么？戈登·达尔和恩里科·莫雷蒂很快意识到，他们没有找到确凿的原因。如果你足够聪明，也许可以为这种现象找到解释。但他们认为，最合乎情理的理由就是：平均而言，父母更喜欢男孩。

当我在《石板》杂志发表了相关文章后，许多读者重新相信了父母更喜欢男孩的说法。但也有一些人提出了不同的解释，其中许多解释都源于进化生物学。最有创意的解释来自读者托德·彼得斯：低自尊的男孩会变得孤僻，从而没有吸引力；而低自尊的女孩则会滥交。所以，如果你想要很多孙辈，那就提高儿子的自尊（通过维持婚姻），降低女儿的自尊（通过离婚）吧。

还有一个更好的解释：有的父母认为男孩比女孩更需要大笔遗产。因为财富会让男孩在求偶竞争中更有优势，并且男孩更有可能创业。这些男孩的父母会比女孩的父母更努力地保护他们的财富，特别是他们会避免离婚，因为离婚是"昂贵"的。这一理论不仅解释了离婚统计数据，也解释了为什么男孩的父母不太可能再要一个孩子——更多的孩子会稀释遗产。

总结来看，戈登·达尔和恩里科·莫雷蒂认为生儿子可以提高父母的婚姻质量，从而有利于婚姻关系的维系；也有人认为生儿子会加剧离婚的痛苦，从而达到对父母婚姻关系的维系。无论哪种解释是对的，生男孩的确可以维系婚姻关系。在戈登·达尔和恩里科·莫雷蒂的解释中，生男孩是一种祝福；但从继承遗产的角度看，如果婚姻关系真的出现破裂，男孩又可能成为一个"负担"。如果这是正确的，那么这一章的标题可能该改为"哦不！是个男孩！"。

十一 做母亲的高昂代价

"做女人，"英国作家约瑟夫·康拉德说，"是一项极其艰巨的任务，这个任务的主要内容就是与男人打交道。"但不仅于此，这项任务还包括对家庭和事业的艰难权衡。弗吉尼亚大学年轻的经济学家阿玛利娅·米勒对这些权衡做出了研究。

平均而言，如果一个20多岁的女性推迟一年生第一个孩子，她一生的收入将增加10%。部分原因是在她的余生中，她将获得更高的工资（大约高出3%）；剩下的原因是她工作的年限会更长。对于受过大学教育的女性来说，这一影响更大；对于职业女性来说，这一影响也更大。

因此，如果你在24岁而不是25岁时有了第一个孩子，这意味着你将放弃一生收入的10%。这一收入的降低分为两部分：首先你的工资会立即下降；然后工资的增长速度也会放缓，直到你退休的那一天。一个有10岁孩子（平均而言）的34岁女性比一个有9岁孩子的女性更不容易获得加薪，基本工资也更低。

令人惊讶的是,《家庭和医疗休假法》的通过并没有减轻这些影响。

米勒教授是怎么知道这些的?比较不同年龄生育女性的工资并不容易,因为选择24岁生孩子的女性和25岁生孩子的女性可能本来就不是同一类型的人,这些差异都有可能影响她们未来的收入。比如,也许是这位24岁的年轻女性本来就不那么雄心勃勃,或者更糟的是(从因果关系的角度看),也许她之所以选择在24岁就结婚生子,是因为她已经预料到自己的事业会发展得很糟糕。

所以米勒教授做了一件非常聪明的事。她没有将任何一个24岁成为母亲的女性和25岁成为母亲的女性进行随意的比较,而是选择对24岁成为母亲的女性和那些不幸在24岁流产25成为母亲的女性进行了更加有效的对比。也就是说,这两组女性在怀孕方面做出了相同的选择,但其中一些人因为一些原因,不得不推迟了生产。这是一个更公平的比较,而且它证实了10%的收入变化。

但这种比较仍然是不完美的。也许流产和低工资之间有一个共同的原因,比如健康状况不佳。对此,米勒教授回应了两点:首先,大多数流产似乎与健康无关;其次,这个说法确实一针见血。

因此,米勒教授进行了第二次对照实验,并得出了相同的结果。她比较了25岁成为母亲的女性和那些在24岁时因避孕失败而成为母亲的女性。这两组女性都不想在24岁时生产,但有些人还是意外怀孕了。

同样,这个实验也不完美。在避孕期间怀孕可能是粗心大意的表现,而粗心大意不利于职场工作。所以我们还要再试一次，进行第三次对照实验。这次我们选择的两组女性，她们都说自己从23岁起就开始备孕，有些人24岁时成功生下了孩子，还有些人25岁时生下了孩子。只要孩子出生的时间是随机的（或者至少不是由任何会影响工资的因素引起的），我们就可以排除上述干扰因素。

这些"流产实验""节育实验""尝试怀孕"实验，没有一次是完美的，但这三次实验都得出了相同的结论。三次不完美的实验加起来仍然不是一个完美的实验，但当它们都得出相同的结论时，我们就可以对这个结论有更大的信心。结论就是，早育不仅与低工资相关，实际上导致了低工资。在很大程度上，这就是好的实证经济学的意义所在：找到深思熟虑和具有创造性的方法，区分相关性和因果关系。

每当我在杂志专栏上写关于实证主题的文章时，都会有读者给我发电子邮件，提醒我相关性和因果关系不是一回事。但是，相信我，每一个经济学家肯定都知道这一点。提醒经济学家相关性并不意味着因果关系，就像提醒化学家确保他的试管是干净的。有能力的经济学家总是要处理相关性与因果关系之类的问题，就像有能力的化学家总是要确保试管干净。在这一点上，阿玛利娅·米勒做得特别好。

第四部分
用经济学看待一些重大问题

第四部分 用经济学看待一些重大问题

我们如何分辨对与错,真实与虚构?如何决定什么时候该拯救一个生命,什么时候该放弃一个生命?如何将慈善事业发扬光大?如何有效地帮助穷人?是人性中的哪一部分促使节食者锁上冰箱门的?

在剩下的章节中,我希望能说服你,经济学论证是如何对这些问题做出解释的,尽管有时经济学家也无法给出一个明确的答案。

十二　真正的慈善

摩西·迈蒙尼德是中世纪最有影响力的犹太哲学家，他最闻名于世的理念是：当捐赠者不知道最终受赠者是谁时，慈善才会更有价值。就像许多中世纪人的思维逻辑一样，迈蒙尼德的分析过程给我的感觉是……好吧，有些愚蠢。因为，从比尔·盖茨到萨达姆·侯赛因，任何人都可能成为受赠者，而我宁愿知道我捐出去的钱喂饱了一个饥饿的孩子。

随心所欲的善举固然很好，但目的明确的善举要好得多。当我想做慈善时，我宁愿选择一个值得的受赠者，而不是把10块钱交给我在大街上遇到的随便一个人。

例如，国际救助贫困组织就是一个值得捐赠的对象，这是一个与全世界范围内的饥饿做斗争的高尚组织，它需要你的支持；美国癌症协会也是一个值得捐赠的对象，这是一个与疾病做斗争的高尚组织，它也需要你的支持。我的建议是：如果你真的想要做一些慈善捐赠，不要同时给这两家机构捐赠。

任何慈善行为都需要一个清晰的道德判断。当你今天给国际救助贫困组织100美元时，就意味着你断定国际救助贫困组织比美国癌症协会更值得捐赠。如果你的第一个100美元的捐赠是诚实的判断，你的第二个100美元的捐赠，也应该是诚实的判断。那么，明天为美国癌症协会捐款就意味着你承认今天为国际救助贫困组织捐款是错误的。

但是如果你不能在两个都如此有价值的机构之间做出选择呢？如果你确定两个机构都很高尚，但不确定哪个更高尚呢？如果你不知道哪个机构会更明智地使用你的资金，或者你不知道该如何在癌症患者和饥饿儿童之间进行优先排序该怎么办？对所有这些捐赠者可能面临的疑问我都深表同情，但实际上没有任何办法能让捐赠者摆脱这些困境。你对国际救助贫困组织的捐赠表明，根据你所掌握的信息（肯定不完整），你的最佳判断（尽管很可能有缺陷）是，国际救助贫困组织比美国癌症协会更有价值。当然，你可能错了，但这仍然是你的最佳判断。如果它是你在今天做出的最佳判断，它也应该是你明天做出的最佳判断。

好吧，如果你没有最佳判断呢？如果你的判断能力有限，认为国际救助贫困组织和美国癌症协会似乎同样有价值，那该怎么办？那我建议你抛硬币，让老天来决定把一切捐给谁。如果这两个机构同样有价值，那么，给任何一个机构寄200美元和给每一个机构寄100美元一样好，而且你只需要花一张邮票，而不是两张。我喜欢这个观点，它是简单的，令人惊讶的，并且它具有深刻的道德寓意。但这可能让大多数人产生一种被欺骗的感觉，因为这个结论似乎违背了常识。但是，你不会只陪伴一个朋友，不会把闲暇时间都用在一个爱好上，也不会只投资一支股票。如果说因为你今天选择了牛排而不是鸡肉，所以你余生的每一天都应该吃牛排而不是鸡肉，这样的说法太疯狂了。那么，为什么慈善就不一样呢？

好吧，让我们想想我们为什么愿意和不同的朋友度过闲暇时间。我期待与我的朋友乔共度时光，但在我们找到机会叙旧，了解彼此近况后，对我来说，"我想念乔"似乎不像以前那么紧迫了，至少暂时是这样。我已经在"我想念乔"的问题上取得了进展，并且可以继续解决另一个问题了，比如"我想念格利"。现在，一个疯狂较真的人可能会喊："昨天你拜访了乔，这表明在你的最佳判断中，与乔在一起的时间比与格利在一起的时间更重要。但今天的你推翻了昨天的判断！"对于这种疯狂的较真，我有一个完美的回应：对我来说，和乔在一起已经不像昨天那么紧迫了，因为我们已经在一起待了一段时间。

同样的回应也适用于休闲活动和金融投资。把你所有的闲暇时间都花在打高尔夫球上是个坏主意，如果你偶尔看看电影，或者去航海，或者和你的孩子聊天，你可能会更快乐。这是因为打2个小时的高尔夫球已经解决了"没有打够高尔夫球"的问题，现在是时候看看生活中还有什么其他值得关注的事情了。同样，投资微软的股票已经满足了对高科技股票的投资，现在是时候转向其他投资目标了。

但慈善是不同的，因为无论你付出多少，你永远不会在"饥饿儿童"的问题上取得重大进展。这个问题太大了，在每一个挨饿的孩子背后都有另一个同样值得帮助的孩子。

把钱捐赠给国际救助贫困组织绝不是一个徒劳的做法，你的捐赠有可能会喂饱一个孩子。无论饥饿儿童的数量是2亿、10亿还是20亿，喂饱每一个孩子都同样值得。当你决定是否向国际救助贫困组织捐款时,你应该想的是"我能喂饱多少孩子",而不是"我喂不饱多少孩子"。捐赠本身就是重要的,无论你是将钱捐赠给国际救助贫困组织还是其他机构。而当你决定是否继续捐赠时,则应该考虑那些还没吃饱的孩子,虽然他们可能与你一开始的决定无关。

在我任教的大学里,有一群学生成立了一个鼓励人们进行慈善捐赠的组织。他们的吉祥物是海星萨米,他们的宣传材料中这样写道:

一个年轻的女孩正沿着海滩散步,海滩上满是被可怕的暴风雨冲上岸的海星。每当她走到一个海星面前,她都会把它捡起来扔回大海。

她扔了很久。这时,一个男人走近她说:"小姑娘,你为什么要这样做?看看整个海滩!你根本救不了所有的海星,你没法改变这一切!"

女孩似乎被他的话压垮了,她突然泄气了。但过了一会儿,她重新弯下腰,捡起一个海星,把它尽可能远地扔进海里。然后她抬头看着那个男人,回答道:"但是我帮助了那个海星。"

女孩得一分!因为拯救上千个海星中的一个,与拯救海滩上唯一的一个海星一样重要。如果你觉得拯救一个海星是值得的,那么做你能做到的就行。这个故事寓意深刻,而且如此有力量。我被感动了,为它写了一个续集:

大约一个小时后,这名男子又来了。他问女孩是否注意到在海滩稍远的地方,有一堆被同一场风暴吹上岸的海胆,女孩伤心地点了点头。

"好吧,"男人说,"你整个下午都在救海星,没人去救海胆。难道你不应该去那边也救一下海胆吗?它们难道不应该活下去吗?"

"但是,"女孩说,"这里还有这么多海星要救。"

女孩又得一分!她不能同时出现在两个地方,因此她做出了一个悲伤但必要的选择,改变她的选择不会带来任何实质上的变化。她救了很多海星,这就值了。但基本问题,即无数海星和海胆依然存在。如果基本问题没有改变,解决方案也应该保持不变。

当然,如果女孩成功地救了海滩上所有的海星,她很可能去救海胆。无论她是用什么标准来衡量海星的价值——最健康的、最可爱的,或者最容易捡的,在救完她认为最有价值的一个海星后,她就可以去救下一个了。一旦你在一个问题上取得了进展,就可以继续下一个问题了。

因此,"选择一个并坚持"的理论并不适用于小型慈善机构。如果当地的剧团需要100美元用于演出,另外100美元用于演员聚会,你可能更想为第一件事情捐款,而不是第二件,这也是可以的。只要你已经部分地解决了他们的一个问题,那就可以继续面对另一个了。

同样,如果有10个饥饿的孩子出现在你家门口,你有10个汉堡可以分发给他们,你不会把所有汉堡都给排在第一的孩子,因为每一个汉堡都可以喂饱一个孩子,喂饱他们后你就可以解决下一个问题了。这就是为什鸟妈妈会喂养所有的雏鸟,而不仅仅是声音最大的雏鸟。

但是，如果有10000个饥饿的儿童出现在你家门口，前面1000个患有坏血病，后面1000个患有佝偻病，再后面1000个患有其他疾病，以此类推。如果你先喂饱了患有坏血病的儿童，就没有理由喂饱患有佝偻病的儿童。如果你认为患有坏血病的儿童最需要帮助，那你就应该继续为他们提供食物，即使患有佝偻病的儿童看起来同样需要帮助，你也不应该改变你的捐赠对象。

喂饱10000个孩子中的一个，就像喂饱10个孩子中的一个，或者喂饱一个单独孩子一样值得称赞。但与喂饱一个单独的孩子不同的是，只喂饱10000个孩子中的一个并不会对整体的饥饿问题产生重大影响，所以你就没有理由在中途改变捐赠对象。

然而，人们总是会忽视我的好建议，在同一个下午向美国心脏病协会、美国癌症协会、国际救助贫困组织和公共广播电台都捐款。他们可能在想：好吧，我已经基本解决了心脏病的问题，现在让我看看还能为癌症做些什么。但我想这种夸大式的妄想肯定是罕见的。因此，人们将自己的慈善捐赠分散开肯定还有其他原因。是什么原因呢？我认为，有些人捐赠是因为他们关心受赠者；另一些人捐赠则是因为他们想让自我感觉更良好。如果你关心受赠者，你就会选择最有价值的捐赠项目，并持续不断地为它捐赠。但如果你只在乎自我的满足感，你会更喜欢指着10个不同的慈善机构说："我给这些慈善机构都捐款了！"在这种情况下，你对国际救助贫困组织的捐赠只是解决了你自己向国际救助贫困组织捐赠的渴望，但却没有减轻国际救助贫困组织试图解决的问题。所以，如果你专注于自我的满足，你可能会给很多慈善机构捐赠；但如果你专注于孩子们的需求，你就不会这样做。

自我满足的冲动绝不是邪恶的，当它可以引导人们做出善行时，它完全值得称赞，但它与慈善本身不是一回事。要想明白其中的区别（以及多样化捐赠并非源自纯粹的慈善冲动），试试这个思维实验：假设你想给国际救助贫困组织捐赠100美元，就在你寄出支票之前，你得知我刚刚向国际救助贫困组织捐赠了100美元。这时你会说："既然这样，那我可以将这笔钱捐赠给美国癌症协会吗？"我打赌你不会。

但是，如果我的100美元捐款没有让你觉得，你应该改捐美国癌症协会，那么为什么你的100美元捐款会让你觉得自己可以改捐呢？除非你相信你的100美元比我的更有效或更重要，否则这是没有意义的。如果你认为你的付出比我的更有效，那你就有点妄想症了，其实你是把追求自我满足的渴望提升到了受赠者对食物的需求之上。

这里还有一些相关的问题和答案：

问题1：假如我想规避风险呢？假设我知道慈善机构A和慈善机构B都会明智地使用我的钱，但我不确定应该捐给哪一个。为了避免把所有鸡蛋放在同一个篮子里带来的风险，把捐赠分散开不是很有意义吗？

回答：只有当你相信，把所有鸡蛋放在错误的篮子里真的会带来巨大的灾难时，这样做才有意义。但这是另一种自大的错觉，因为你的捐赠只是整体捐赠中的很小一部分。如果每个人的鸡蛋都放错了篮子，那确实是灾难性的，但分散你的个人捐赠基本上无助于避免这种灾难。

鸡蛋和篮子的比喻很引人注目，确实，在某些情况下它是准确的。例如，把所有钱都用于投资一支股票就是一个很大的错误，因为有可能那是一支糟糕的股票。但是，即使你选择的是一个糟糕的慈善机构，但把你所有捐款都捐给它也不算一个很大的错误。因为当你投资股票时，你是唯一的资金提供者，所以你需要承担所有的风险和可能的损失。但你并不是慈善项目的唯一捐赠者，你的一小部分"错误"的捐赠并不会给慈善项目造成重大损失。

问题2： 如果每个人都喜欢慈善机构A，而不是慈善机构B，并且每个人都听从你的建议，那么慈善机构A最终会得到所有的钱，这难道不是灾难吗？

回答： 是什么让你认为慈善机构A最终可以得到所有的钱？在决定捐款给谁时，你完全可以考虑别人已经捐了多少钱。一旦慈善机构A募集了足够多的捐款，足以实现其主要目标，就会有许多人转向慈善机构B。

换句话说，一个慈善机构的价值不仅取决于它在做什么，还取决于它已经得到了多少捐赠。任何个人都难以对慈善机构A要解决的问题产生极大的影响，但所有人聚集起来就可以产生重要的影响，而且一旦如此，我们就会将目光转向其他慈善项目。因此，即使个人捐赠没有做到多样化，最终我们作为一个整体做出的捐赠也会多样化。

问题3： 那么这是否意味着我应该把所有钱都捐给募集资金最少的慈善机构？

回答： 当然不是。资金只是捐赠时的众多考虑因素之一。如果我被迫在要筹集2亿美元的癌症基金和要筹集10美元的"蚯蚓豪宅基金"之间做选择，我肯定会选择癌症基金。

除了极少数例外，只是为了帮助受赠者的慈善逻辑排除了捐赠的多元化，但少数例外也值得注意。

第一，我已经用当地剧团的例子讨论了"小型慈善机构"的例外情况。如果我的邻居快要饿死了，我会请他吃饭；但如果他只是稍微有些饿了，我会让他自己照顾自己。

第二，相对于捐赠金钱而言，义工也是个例外。这是因为当你做一项任务一段时间后，这个任务往往会变得乏味。比如当你在施赠点志愿工作，站了2个小时后，后面的时间你可能更愿意干一项能坐下的慈善项目。

第三，当有可用的新信息出现时。如果你得到了一些关于美国癌症协会新的、积极的信息，你可能会想把你的目标从国际救助贫困组织转移成美国癌症协会。但这一例外并不适用于每隔5分钟就会向3个不同的慈善机构邮寄支票的人。

第四，当你认为自己的捐赠可以激励他人时。如果你认为广泛传播善行更有可能激发周围人做慈善的冲动，正如我的一位读者指出的那样，"如果我给美国国家公共广播电台、国际特赦组织和美国公民自由联盟都捐赠50美元，我就可以在讨论公共广播、人权或公民权利时向我的朋友提及这一点。"如果把这一逻辑运用到极致，与其捐赠100美元给国际救助贫困组织，不如将其分成1万份，给1万个慈善机构各捐1美分。这种策略真的能激励人们效仿吗？相反，它传递了一个信息，即你对这些捐赠项目都不认真，这将破坏你作为榜样的价值。

每当你进行分散捐赠时，就会产生这样的变化。假如你给国际救助贫困组织捐赠100美元，你就会向周围人传达这样的信息：国际救助贫困组织所做的是一项有价值的事业。如果你把下一份100美元捐给美国癌症协会，你就会发出这样的信息：也许国际救助贫困组织根本不值得。

因此，通过捐赠的多样化激励他人可能会适得其反。此外，如果你真的相信别人很容易被你的行为影响，那么你可以夸大自己的捐赠金额（但是大多数人都厌恶说谎）。

最后，如果有人愿意奖励我们的慈善行为，比如你的老板，也许我们会更愿意改变捐赠对象。你的老板之所以会这么做，也许是他有一个与你的多样化捐赠匹配的计划，你的做法可以让该计划发挥更大的作用。但这个可能性只不过是用一个谜团取代了另一个谜团，它解释了你进行多样化捐赠的原因，但没有解释为什么你的老板希望你这样做。可以猜测的是，老板的动机应该不是为了纯粹的慈善，但也许我们都不会为此感到惊讶。

事实上，美国的公司基本上不会有纯粹的慈善举动，这是因为股东们不希望高管替他们选择慈善机构。你雇一个裁缝是为了做衣服；雇一个木匠是为了修理你的屋顶；雇高管就是为了帮你经营公司。裁缝、木匠和高管可能非常擅长自己领域的事情，但这并不意味着他们也擅长捐赠。

因此，在大多数情况下，美国的公司基本不会有慈善行为。但他们也许会屈从于一个被称为"联合劝募组织"的公共关系组织，没有什么比向联合劝募组织捐款更不慈善的了。按照你自己的信念和价值观，与那些接受联合劝募组织救济的几十家机构相比，你肯定可以挑选出（基本上不需要付出任何努力）至少一家能比它们更好地利用捐款的慈善机构（如果你找不到这样的慈善机构，你可能会赢得"完全无视他人需求"的世界纪录）。让联合劝募组织帮你把捐款分给成千上万个没什么价值的捐赠项目，这根本就是与慈善背道而驰。但公司的公关部门可能会因此喜欢你，但是要知道，这是你将最应该得到捐赠的对象的资金转移走才得到的喜欢,这完全是对慈善的曲解。

社会学家会区分描述性理论和规范性理论,描述性理论描述人们实际上是怎么做的,而规范性理论描述人们应该如何做。经济学家一向有保持谦虚的传统,所以会把自己局限在纯粹的描述性理论中,不敢逾越。

以下是关于这一章的"描述性"版本:真正慈善的人是不会分散他们的捐款的;大多数人分散了他们的捐款,因此大多数人并不是为了慈善而做慈善。

传统经济学告诉我应该到此为止,因为我们已经了解到了一些关于人性的东西,这就足够了。我们的工作是理解他人,而不是改变他人。但在这种情况下,我倾向于偏离群体路线,提供一个"规范性"版本,大致如下:如果你想做慈善,那么你应该选定一个慈善项目并坚持下去,而不是将你的捐款分散给多个慈善项目。

为什么这个版本与其他版本不同?部分原因是它与直觉背道而驰,我怀疑大多数人从未考虑过这一点。因此,我希望在了解了这一版本后,人们可以重新思考他们的行为,因为这才是有道理的。

我就是这样的人。当我第一次听到这个观点时,那是一次午餐间的谈话,我本能地回避了它,因为这是我无法理解的观点。我提出了一系列错误的反对意见,而且花了很长时间才明白它们为什么是错误的。即使在我掌握了这一观点之后,我还是花了更长的时间才将它融入我的思维当中。直到那时,我才调整了自己的捐赠习惯。被"皈依者"的热情所驱使,我才大胆地提出了这样一个"规范性"版本。

以自我满足为目的的捐赠仍然是捐赠，这当然是值得欢迎的，但如果将其称为慈善就过誉了。文化传统告诉我们，真正的慈善不自夸，它不该是趾高气扬的。你可以用来自十几个慈善机构的感谢信吹嘘自己，你当然也可以把自己的努力集中在你认为最有益的地方，做真正的慈善。

附录：纯粹理性的辩护

当我在《石板》杂志上发表了这一章的简要版时，我收到了大量的电子邮件回复。当然，这些回复有深刻的也有浅显的，但我很高兴可以听到每一个人的意见。令人沮丧的是，还有一些对这一观点本身充满敌意的人。

举个例子，一位读者对这一观点不屑一顾，他问道："难道我不能相信国际救助贫困组织和美国癌症协会都是有价值的慈善机构，都可以得到我的钱吗？"好吧，你当然可以相信。我也相信这一点，大多数人都是如此。但问题是，鉴于你相信这两个慈善机构都是有价值的，难道你没有义务，或者至少有一点点义务，考虑如何将这种信念最好地转化为行动吗？只有当你是那些罕见的认为只有一个慈善机构值得捐赠的人，你才能合理地避免这种困境。我们中的其他人（包括与我通信的读者）都必须以某种方式调和自相矛盾的价值观（是的，为饥饿儿童捐款还是癌症研究捐款反映的是相互冲突的价值观，因为你给其中一个1美元，另一个就得不到这1美元）。当你的价值观发生冲突时，只有两条路可走：你可以凭直觉行事，或者可以试着运用逻辑弄清楚这些价值观对你的真正影响。我主张后一种做法。

通常，确保自己的想法合乎逻辑的最好的方法，是用数学的方式表达你的论点。20世纪初，著名经济学家阿尔弗雷德·马歇尔向他的同事提出了这样的建议：当遇到一个经济学问题时，首先要把它转化成数学问题，再进行解决，然后把数学问题重新转化成经济学问题，并忘掉数学问题。我是马歇尔的信徒，经常听从他的建议。如果有读者想看这一章涉及到的数学过程，好判断自己究竟在哪一个环节出错了，我把数学过程放在这本书的附录里。

对逻辑的抵制常常表现为对数学的敌意。我的一些《石板》杂志的读者甚至坚持认为，任何可以通过数学表达的论点都不可能与道德困境有关。但"可以通过数学表达"和"逻辑内洽"是一回事，所以显然这些读者认为，除非我们自己自相矛盾，否则就不应该用数学的方法解决道德困境。

这并不是说我们应该让自己被数学所左右，甚至被那些碰巧不理解的数学所左右。如果数学不能抓住论述的意义，或者这个论述本身就有缺陷，在这种情况下，数学本身不会带来更多的意义，它的存在只是为了让我们保持诚实，以防止细微的不一致。

重要的是区分数学家所说的"一阶收益"（如拯救一名饥饿儿童）和"二阶收益"（如大幅减少世界上饥饿儿童的数量）。一阶收益证明了慈善捐赠的合理性，但只有二阶收益才能证明慈善多元化的合理性。微积分恰好是一种特别方便的语言，可以用来跟踪这些微妙之处。为什么会有人反对把精确的语言引入一个恰好需要精确性的艰难的道德辩论中呢？

道德问题值得认真关注，这就是为什么道德讨论不能排除数学的巨大力量，数学可以帮助我们剥离不相关的东西，识别本质。当我们把所有相关的因素统称为F，并建立一个令人惊讶的、重要的、不随F变化而变化的恒等式时（正如我在附录中所做的那样），由此推导出的结论可以同样适用于你和你姐夫（尽管你本来没法跟他在任何观点上达成一致）。这说明你已经学到了一些深刻的道理。当我们想弄清楚我们的道德义务时，深刻的道理是值得努力探求的。

十三 灵魂的中央银行

在我看来，宇宙中最伟大的两个谜题是"为什么世间有万物存在，而不是空无一物？"和"人们为什么会通过锁冰箱门节食？"。很久以前，我勉强得出了一个结论，那就是在这两个问题上都没有什么道理。现在，多亏了物理学、哲学和经济学中一些引人注目的新观点，我开始有了不同的想法。

我们需要新思想，因为这世界上没有不过时的思想。例如，人们对于上面两个问题的回答都会随着时代的发展逐渐被淘汰。归根结底，怎么会有理性人刻意在自己和夜宵之间设置障碍？吃夜宵既有成本也有效益。成本通常可以用热量或脂肪含量来衡量，至于好处，吃夜宵肯定有好处，否则我们根本不会受到诱惑。当我们相信吃夜宵的效益大于成本时，我们就会吃夜宵。换句话说，在权衡利弊后，我们相信吃夜宵有好处，我们才会吃夜宵。那为什么我们要把一件美好的事情变得痛苦不堪？

人们确实会锁上冰箱，还会让别人把香烟藏起来不让自己发现，把储蓄投资到可以防止提款的账户中，采用复杂而可笑的健身计划强迫自己锻炼。就像奥德修斯通过把自己绑在桅杆上从而拒绝塞壬海妖的召唤，我每天下午都会把电脑锁在抽屉里，然后让秘书把钥匙藏起来，这样我就不能整天泡在网上了。

但是这些行为看起来没有什么道理。如果我愿意花一个下午的时间上网，那么对我来说上网就是值得的，但是我为什么还要阻止自己上网？当我对圣代的渴望胜过对热量的厌恶时，我就会吃圣代，但是我为什么还是会阻止自己吃圣代？

有一个简单的回答是：虽然如此，但是圣代的美味不值得为此摄取过高的热量（或者不值得为抽烟损害健康，塞壬海妖的召唤不值得付出遭遇海难的代价）。但我知道，在一时冲动下，我会变得不理智，从而做出错误的决定。我的朋友戴维·弗里德曼——我所认识的最敏锐、最坚韧的经济学家之一——也相信这个答案。戴维在圣塔克拉拉大学任教，他拒绝使用学校的停车许可证，因为他想强迫自己骑自行车上下班。当他的这一做法被指责不理性时（毕竟，一个理性人知道不管怎样都应该办一张停车许可证，以便在雨天等不方便骑自行车的时候使用），他解释说，人的行为有两种：理性的和非理性的。当预测他人的行为时（比如当他研究经济学时），他只关注理性的部分，因为非理性的部分本质上是不可预测的。但在预测自己的行为时，他会对自己的非理性有一些特别的洞见，所以会承认自己的非理性行为，并围绕它提前制定计划。

换句话说，这可能是戴维职业生涯中唯一一次没有"抗争"就接受了别人的想法。当解释人类行为时，"非理性"应该是经济学家最后的一种绝望的说法。不是因为人们总是理性的，而是试图为人类行为找到理性的解释才是最有启发性的。如果有人做了你不理解的事情，你可以直接判断他是不理性的，也可以试着找出他这么做的原因。前者会让人自我感觉良好，后者则会提供一个学习新事物的机会。

因此，与戴维不同的是，我想从这样一个假设开始：当人们吃圣代、抽烟、开车而不是骑自行车时，他们已经理性地（尽管不一定是有意识地）权衡了成本与效益，并做出了最好的选择。那么，真正的谜题是：如何理性地克制自己不做出理性的选择？

最简单的也是最愚蠢的解决方案是把自我控制设置为一种"嗜好"。如果人们只是碰巧喜欢锁上冰箱，并且锁上冰箱带来的快乐多于吃圣代带来的快乐，那么锁上冰箱合情合理。但是，一旦你允许自己用"嗜好"解释世界上的一切事物，你就放弃了对真正原因的追寻，因为这等于什么也没解释。我的第一位经济学老师迪尔德丽·麦克洛斯基过去常常警告我们不要陷入这种空洞的解释，比如"这个人为什么要喝机油？因为他喜欢喝机油！"。如果一个原因可以解释所有事情，那等于什么也没解释。

但认知科学家史蒂芬·平克在他的《心智探奇：人类心智的起源与进化》（*How the Mind Works*）这一绝妙著作中提出，我们可以放心地假设人有一种自我控制的嗜好，因为这并不意味着人们会因此喝机油。原因如下：与喝机油不同，自我控制这一嗜好会带来繁殖优势。

当你吃夜宵时，你得到了大部分好处，但你的配偶（他有充分的理由关心你的健康和外表）分担了许多成本。自我控制的嗜好会让你在婚姻市场上更受欢迎，因此，也许我们不应该感到惊讶，因为是自然选择让人们产生了给自己的冰箱上锁的倾向。

换句话说，一台上锁的冰箱就是一块"配偶磁铁"。仅仅节食是不够的，因为无论你多么苗条，你的配偶都可以怀疑你一旦结婚就会恢复之前暴饮暴食的习惯。但你可以试着用一份限制你每天只能吃两份甜点的婚前协议巧妙地解决这个问题，不过这份婚前协议执行起来将是一场噩梦。但是，如果配偶能看到你确实愿意自我控制，他们可能会更愿意与你结婚。

抽烟也是如此。假设你已经权衡了吸烟的乐趣和肺部疾病的风险，并决定吸烟，这会让你更难遇到一个无论疾病或健康都愿意陪伴你的伴侣。因此，即使对你来说吸烟是一个可以让你感到快乐的选择，但如果你可以本能地克制自己不吸烟，你会在婚姻市场上更受欢迎。

戴维·弗里德曼拒绝办停车许可证，但是也许对他来说，每天开车上下班是合理的，即使其成本是导致身体不适，但身体不适又会让戴维的妻子贝蒂不高兴。所以我的理论是，戴维放弃他的停车许可证是为了让贝蒂放心，他没有只顾及自己的利益开车上下班，而是选择骑自行车。这使得戴维成为一个更理想的丈夫，所以贝蒂会更努力地让他开心。

你可能会反驳说，不是每个人都在寻找伴侣。但是每个人都有自己的祖先，祖先们都曾寻找过伴侣（而且看起来很成功！）。一种可以帮助你的祖先繁衍后代的嗜好很可能会被传承下去，从这个角度来看，对自我控制的嗜好并不比对性的嗜好更神秘。

在美国的经典游戏"胆小鬼"中，需要两个人开车冲向对方，直到其中一人因转向而输掉比赛。在这场比赛中，成功的关键是让你的对手相信，无论发生什么，你都不会转向。因此，获胜的策略可以是拔掉你的驾驶杆，并确保你的对手看到你这样做[1]。这个游戏的寓意是，自由并不总是一件好事。比如在这个游戏中，转向的自由就意味着失败的自由，放弃这种自由，你才有可能获胜。如果你曾经申请过抵押贷款，你就已经放弃了一些自由，因为你同意签署每月还款的合同。但是这种对于自由的牺牲是合理的，因为没有它，你的贷款永远不会被批准。事实上，仅仅签合同还不够。除非银行贷款经理相信你会认真对待合同，否则你的贷款也不会得到批准。成功的关键是让银行贷款经理相信，无论发生什么，你永远不会违约。因此，成功的策略其实是做出可信的承诺：比如一旦你错过了一次付款，你将切腹自杀。但光靠语言依然不够，一个可信的承诺还需要一个可信的执行者。所以如果政府想要为首次购房的人提供有意义的帮助，它可能应该考虑对逾期支付抵押贷款的人处以死刑。

　　当然，政府也有自己的信誉问题。例如，政府可能向投资者承诺狭义货币供应量将稳定且可预测地增长。这种承诺能鼓励投资，并促进经济增长。不幸的是，政府总是被一些短期目标诱惑并操纵狭义货币供应量。聪明的投资者能够预见这种诱惑，并对政府的承诺产生怀疑。为了解决这个问题，大多数西方国家会任命独立的、不直接对政府负责的央行行长，来限制

---

　　[1] 你的对手最好的反击策略是不看你，如果他采取了这种策略，你还不如让你的驾驶杆完好无损。

政府操纵狭义货币供应量的自由。[1]

任命央行行长，就像签署抵押贷款合同或拔掉你的汽车驾驶杆，都是主动做出的决策，旨在限制你的自由，以使你的承诺更加可信。相比之下，锁冰箱或藏香烟则是一种被动的行为，不是刻意为之，而是自然选择筛选出来的随机结果。因此，它的目的对我们来说是隐蔽的。把冰箱锁上感觉不像是一种求偶策略，但这没什么不寻常的。毕竟，我们对新鲜水果和铁板牛排的热情并不只是为了获取基本营养，这种热情被进化出来就是因为曾经有一段时间，那些喜欢吃这些食物的人在自然选择中幸存了下来。性爱的乐趣也不仅仅在于生殖和繁衍，这种乐趣进化出来是因为曾经有一段时间，那些喜欢性爱的人才会有更多的后代。

原则上，大自然本可以遵循一条截然不同的路线。它本可以赋予我们足够的脑力，让我们认识到食物和性是生存和繁殖所必需的，而不是让食物和性变得令人愉快。你不再想"好家伙，这牛排看起来真不错"，你想的是"我的氨基酸含量有点低，该吃牛排了"。你不会想"好家伙，那个新邻居长得真不错"，你会想"那个新邻居看起来有一些对我的后代有用的特质，是时候交换DNA了"。在很多方面，这会更有效，比如我们不会吃有害的食物，也不会浪费时间和精力追求不会产生后代的性行为。但是可能在进化的过程中，我们发现拥有一个这样精确的大脑需要付出的成本足以抵消它带来的优势，或者出于这样那样的原因，我们更多地是朝着无意识本能的方向进化。所以，我们现在并不是认为"我锁上冰箱，因为它能改善

---

[1] 美国中央银行被称为美国联邦储备系统，在撰写本文时，美国联邦储备委员会主席是本·伯南克。

我在婚姻市场上的前景"，而是被一种奇怪的冲动驱使，锁上了冰箱。

事实上，与吃东西和性生活不同，锁上冰箱必须是一种无意识的本能才能起作用。因为如果这是有意识的求偶策略的一部分，可以预见的是，一旦你找到配偶，就会放弃这一行为。只有把这种行为从有意识的控制中移除，潜在的伴侣才会对你感到放心，觉得即使结婚了，你的这种行为还是会持续下去。

做出承诺很容易但毫无意义，做出可强制执行的承诺很困难但更有意义。因此，人类以意图和本能，再通过自然选择，投入了相当大的努力在炮制执行机制。人类发明了中央银行，大自然发明了本能。本能是一种很好的执行机制，因为我们总是会很明显地受其驱使。以复仇的本能为例，复仇被称为唯一一笔总是可以迅速而愉快地偿还的债务。讽刺的是，它也是唯一一笔完全自愿的债务。不及时还款，你会接到银行贷款经理的来电；无视一个人受到的侮辱，没有人会愿意接近你。

自愿偿还债务可能要付出昂贵的代价。伟大的兰开斯特王朝和约克王朝在15世纪末席卷英格兰的复仇风暴中灰飞烟灭。4个世纪后，在传说中的阿巴拉契亚世仇中，哈特菲尔德和麦考伊相继为杀死对手而死。为什么他们就不能好好相处呢？

弗朗西斯·培根是都铎王朝的仆人，都铎王朝是从兰开斯特王朝和约克王朝的废墟中崛起的，培根为我们解释了为什么最好让过去成为过去：

> 过去的已经过去，不可挽回，智者要处理的眼前和未来的事情已经够多了。一个人越是念念不忘旧仇，他的伤口就越难愈合；相反，放下仇恨，伤口就会愈合。

作为一名作家，我相当沮丧地注意到，尽管培根的建议清晰、简洁、深刻，而且显然无可辩驳，但它已经出现了300多年了，却没有对人类行为产生任何明显的影响。

那么，这种自我毁灭的本能是如何在变幻莫测的自然选择中幸存下来的？政治学家早就认识到，尽管复仇本身代价高昂且毫无意义，但复仇会产生一种有效的威慑。但是如果威慑来自一个冷血的、理性的人，那这就是一个无用的威慑。只有当复仇是被纯粹的本能所驱使时，它才会变得可信。换句话说，如果你想吓跑你的敌人，你最好有一种复仇的嗜好。

史蒂芬·平克曾写过一段极其引人入胜的话，他说我们在很大程度上是通过肌肉收缩来表达愤怒的，而肌肉收缩无法自主控制。这一点告诉我们，我们的情感是真实的，而且克服情感的力量是有限的。正如政府选择通过将控制权交给中央银行，以此增强自己的信誉一样，我们也可以将控制权交给情绪，即通过展现自己的真性情获得信誉。那么，我们灵魂的中央银行是什么？或许就是那种对复仇的激情。

在经济学中，有一个"时间不一致性问题"，即我们很难让自己完全投入到一个每个人都知道你可能会放弃的行动中。在这种情况下，做出自己不会放弃的承诺的唯一原因是这会影响你与他人之间的关系。如果你从不与任何人互动，你就永远不会有时间不一致性问题。时间不一致性问题的根源在于矛盾冲突。

与我们互动最密切的人无疑是未来的自己，这种互动的关键特征是高度利他主义，我们会为未来的回报做出当下的牺牲。但我们实践的是哪种利他主义？是一种完美的利他主义，以至于在这中间完全不会产生矛盾冲突吗？还是一种不完美的利他主义,会导致时间不一致性问题?当我的朋友拉尔夫·科恩宣布他的妻子怀孕时,我问他希望他的孩子在棒球比赛里打哪个位置。"都可以,"拉尔夫说,"只要他喜欢就行。"然后,在思考之后,他补充说,"我个人的偏好是游击手。但他想打什么位置对我来说都没问题。"又经过了一段较长时间的停顿之后,他说,"只要他还在内场就行。"这就是完美的利他主义和不完美的利他主义之间的区别,在完美的利他主义中,你只会关心他人的幸福(尽管可能不像你关心自己的幸福那样迫切),而在不完美的利他主义中,你会保留关心别人如何获得幸福的权利。

当涉及未来的自己时,传统的经济学理论坚持认为,我们是纯粹的利他主义者,即我们更想要在未来获得幸福,尽管可能不像我们想在现在获得幸福那样迫切。哈佛大学教授戴维·莱布森是少数持不同意见、想要打破旧观念的人之一。没有人怀疑面对他人时,我们是不完美的利他主义者。但莱布森认为,即使面对未来的自己,我们也不会完全无私,因为我们不仅关心自己未来的幸福,而且关心如何实现这种幸福。正如面对孩子时的不完美的利他主义会导致家庭冲突,我们对未来的自己也会产生不完美的利他主义,因此也会导致灵魂的冲突。

例如,每个人都知道,不切实际的享乐会毁掉你的生活。但如果你是一个不完美的利他主义者,那么期待这种享乐本身也会以一种有趣得多的方式毁掉你的生活。如果你生活中最大的乐趣只是期待明天的奢侈享乐,那么问题来了:明天是一个不断推移的时间点,周一时你期待在周二举办一场奢华的派对;当周二到来时,你会把派对推迟到周三,以满足你对期待的嗜好……于是你只会在死后留下一大笔遗产。

这里的悲剧不是你从来没有花过钱，悲剧的是，你甚至从来没有期待把钱花出去，因为你足够聪明，甚至在事情开始之前就预见到了整个事件的流程和结局。如果你喜欢的是期待派对，并且你知道这一点，那么你永远不会真正地期待派对（也许这就是贝托尔特·布莱希特所说的，他的生活被他的智慧给毁了的意思）。解决办法就是，安排一个永远不能推迟的派对。比如提前付钱给派对承办人，并且选择一个会因为你在最后一刻取消派对而主张严格赔款的承办人。

我也在承受着类似的苦恼，虽然比较轻微，但是所受的折磨正在不断扩大：我避免阅读真正的好书，因为这会剥夺我期待它们的乐趣。当然，我知道自己的这一点，所以我也没办法真正期待一本好书。乘飞机旅行一直是我的救星，因为我可以把自己和好书困在机舱里，强迫自己读好书。但如果航空公司提升了飞机上的杂志水平，那我的这一计划就完了。

我的朋友雷·海特曼则面临着相反的问题：他不是喜欢期待奢华的生活，而是喜欢期待自己在未来变得节俭。他特别喜欢相信，到了特定年龄后，他就不会通过花费资源来延长自己的寿命。但他痛苦地意识到，"特定年龄"总是在被重新定义，所以这一时间点总是在够不着的未来。因此，他正在寻找方法限制自己对未来选择的自由。

如果雷只关心自己未来的幸福（也就是说，如果雷对未来的自己是完全无私的），那么你可以指责他前后矛盾：限制未来的选择不会让你更幸福。但雷也关心他如何实现未来的幸福，这使他成为一个不完美的利他主义者，但却不再自相矛盾。如果你的利他主义是不完美的，你可能会放弃未来的快乐

（比如为未来的自己读一本书、放弃昂贵的医疗保险、省钱、戒烟），以获得现在的快乐，即使你知道未来的自己可能不想这样。

当多萝西·帕克哀叹"我讨厌写作，但我喜欢已经完成的作品"时，她是在表达对当前成本和未来效益的一种权衡，这种权衡正好符合传统的经济学框架。莱布森所说的不完美的利他主义者面临着一个更微妙的问题：他们不仅在权衡成本和效益，他们还在与未来的自己进行战略博弈。

这为我关于冰箱上锁的问题提供了一个新的、不同的答案。在这一章的大部分内容里，我都在争论说，给冰箱上锁可以解决你和伴侣或潜在伴侣之间的冲突。但是根据莱布森的说法，冲突不是存在于你和你的伴侣之间，而是存在于今天的你和明天的你之间。

无论哪种理论是正确的，有一件事我们可以肯定：除非你与某人发生了冲突，否则仍然无法解释人们为什么要给冰箱上锁。如果人们只想让未来的自己幸福，如果没有第三场派对的加入，就没有道理限制未来的选择。莱布森的理论有多合理？我们必须要探索其真正的影响才能确切地知道。佩尔·克鲁塞尔教授和安东尼·史密斯教授已经开始了这一探索过程，他们问自己：在一个充满莱布森主义者的世界里，我们会观察到什么样的储蓄行为。正统的经济学理论预测，如果两个人有相同的偏好和相同的机会，那么他们会采取相同的储蓄习惯。克鲁塞尔和史密斯指出，在一个充满莱布森主义者的世界里，却不会如此。

原因如下：想象两个不完美的利他主义者——阿尔伯特和阿尔文，他们希望未来的自己不仅快乐，而且节俭。阿尔伯特是个悲观主义者,他认为未来的自己会挥金如土。阿尔文是个乐观主义者,他认为自己一生都可以做到自我控制。阿尔伯特不想让他的钱像他预测的那样被挥霍掉,所以他认为最好今天就把钱花光。阿尔文则面临着一个令人振奋的前景,那就是把他的钱交给未来的自己,也就是去储蓄。

年复一年,阿尔伯特和阿尔文的行为都在逐渐强化。尽管他们有着同样的偏好和同样的机会,但最终一个死时非常贫穷,另一个死时却非常富有。

莱布森的理论还有一些奇怪的影响。爱丽丝是一个不完美的利他主义者,她喜欢畅想自己未来的奢华生活(与阿尔伯特和阿尔文相反,他们希望未来的自己是节俭的)。爱丽丝最初乐观地认为,自己一定会变得有钱,因此她会把所有的钱都存起来,以后好举办各种奢华聚会。但是,当她成为一个"储蓄者"时,这与她对自己未来的畅想是矛盾的。于是她认为还不如今天就把钱花掉,但这么做她又会意识到自己现在这么挥霍,以后就没有钱举办派对了,于是她又重新开始储蓄。她的期望,以及由此产生的行为,永远在剧烈波动。

探索影响是检验莱布森理论的一种方法,另一个方法是检验莱布森式的偏好是否合理。假设一种不完美的利他主义是不是太轻率了,就像假设有人喜欢喝机油一样?或者,它是否可以诉诸自然选择以证明其存在的合理性,就像人们有复仇的本能一样?

我有一个大胆的推测:也许莱布森式的偏好会导致人们进行一种可见的自我控制尝试,而这种尝试会让潜在的配偶放心,因此,自然选择会青睐这种尝试。如果这一推测经得起一些合理的测试(比如,对个体在偏好进化时的资源竞争进行计算机模拟），两种关于人们为什么要锁冰箱门的理论就可以结合在一起，形成一个巧妙的整体理论了。

现在，关于宇宙的起源，或者用我更喜欢的说法——"万物从何而来？"——我相信原因如下：宇宙是一个纯粹的数学模式（不是有关任何事物的模式，而就是模式本身），这种数学模式恰好包含了很多子模式，而这些子模式足够复杂，复杂到足以意识到自己的存在，这就是人类。

对我来说，这一理由千真万确，尽管我有一半的朋友认为这显然是错误的，而另一半则不明白我在说什么。但用经济学的角度进行解释就很容易了：史蒂芬·平克指出，理解宇宙的起源并不是一项非常有用的技能，它不会给我们带来繁殖优势，所以我们没有理由进化出一个能够思考这个难题的大脑。大自然是一位优秀的经济学家，因此不会投资这种无聊的事情。但另一方面，对于像人类这样的社会性动物来说，理解人类行为则可以得到更明显的回报。因此，期待我们能发展出一个关于人们为什么会给冰箱上锁的详细而令人信服的理论并非奢望。

十四　如何关心时事

时事新闻的问题在于，它们往往是由新闻专业人士报道的。虽然让这些专业人士报道新闻可能比让他们设计桥梁更靠谱，但是对于读者来说，还是需要对这些新闻持一定的怀疑态度。

即使新闻报道的事实是正确的，但围绕这一事实的解释和观点也可能是错误的，特别是在种族歧视或商业外包等热点问题上，各种偏见根深蒂固。如果你想知道到底发生了什么，运用一些经济学分析会大有帮助，下面是一些案例。

种族歧视

几年前，如果你沿着马里兰州I-95号高速公路开车，你可能会被拦下来进行毒品搜查，特别当你是一个黑人的时候。黑人被拦截和搜查的可能性是白人的3.5倍。

为什么会这样？一种说法是，警察更容易盯上黑人，因为黑人更有可能携带毒品。另一种说法是警察歧视黑人。

让我们看看证据吧。在被拦截的白人中，大约1/3的人被发现携带毒品。在被拦截的黑人中，这一比例几乎完全相同。所以白人和黑人携带毒品的可能性差不多，第一种说法站不住脚。那么第二种说法正确吗？警察是否都是种族主义者？

但是不要忘了，在黑人被拦截和搜查的可能性高于白人3.5倍的情况下，他们还敢携带毒品，并且可能性和白人一样高。想象一下，当黑人和白人被拦阻的次数一样时，他们会携带多少毒品！正确的结论是，在那个时候，那个地点，不管出于什么原因，黑人携带毒品的倾向确实比白人高得多，并且只有执法部门的严格检查才能缓和这种倾向（当然，只有当黑人意识到他们会比白人更频繁地被拦截时，这一论点才有意义。但考虑到对种族歧视的抱怨无处不在，这个假设是成立的）。

另一个正确的结论是，警方没有对黑人抱有特别的敌意。原因如下：想一想，如果警察一心一意只追求最大限度地增加携带毒品的定罪数量，会发生什么。警察首先会将注意力集中在携带毒品倾向较高的群体上，在上面的情况中就是黑人。这使得白人毒品携带者更容易漏网，而黑人毒品携带者更难漏网。由于人们会对激励做出反应，那么白人毒品携带者的数量便会增加，而黑人毒品携带者的数量会减少，这种动态变化会一直持续到白人和黑人携带毒品的数量相同之时，在这一时间点上（在1994年开始收集数据之前很久，应该已经达到这个时间点了），警察就没有理由进一步打击黑人毒品携带者了，但也没有理由放松对他们的打击（任何暂时的放松都会很快导致黑人和白人之间的定罪率差异，并再次回到均衡状态）。

如果警察真的对黑人怀有敌意，他们就会打击黑人毒品携带者直到很少有黑人敢携带毒品。那么，我们看到的就应该是黑人的定罪率比白人低。而相反的是，我们看到了相同的定罪率，这表明警察确实集中精力阻止黑人携带毒品，将他们的定罪率提高到与白人相同，但不会采取进一步有敌意的举动[1]。根据这一标准，有理由抱怨的不是黑人，而是拉美裔。被拦截的拉美裔携带毒品的可能性仅为白人或黑人的1/3，为什么警察要阻止一个只有1/9的可能性携带毒品的拉美裔，而不是一个有1/3的可能性携带毒品的黑人或白人？是不是因为警察对拉美裔有偏见？

撇开拉美裔不谈，证据强烈支持这样一种假设，即警方追求的只是尽可能多地逮捕毒贩并给他们定罪，而不考虑种族。这一假设很好吧？不，这很糟糕。而为什么它很糟糕的原因完全取决于你对缉毒战（美国境内缉毒战主要提高的是毒品交易的定罪率而不是刑罚的严厉程度）的认识。

如果你像我一样，认为现有的缉毒战只是一种道德施暴，那么当你得知警方正在最大限度地提高毒品定罪率时，你会感到痛心。因为不喜欢司机的肤色而拦截他们的确应该受到道德谴责，但这并没有太大地影响经济活动；如果警察一天的目标是拦截12个司机，无论这些司机是黑人、白人还是其他种族都可以，这也没关系；但是如果警察的目标是毒贩就有关系了，因为只有针对毒贩才能真正阻碍毒品交易，并进一步提高毒品的价格。这正是让我觉得很糟糕的原因——事实上，这比种族主义更糟糕。

---

[1] 关于这一论点的一些细节，详见附录。

当然，如果你是一个坚定的缉毒战支持者，你认为减少毒品交易是件好事，那么你可能会认为，一个坚定的缉毒战支持者会为警方最大限度地提高毒品定罪率而鼓掌。但是，如果你真的想阻止毒品交易，应该最大化的不是定罪率，而是威慑力。而为了最大限度地提高威慑力，警察应该拦截更多的白人，因为白人占总人口的比例更大，所以有更多的白人可以被威慑到。

警察主要搜查黑人是一个增加毒品交易定罪率的好办法，但是对于减少毒品交易来说，这又是一个糟糕的办法。这是因为它等于向白人宣传说"你们不用害怕警察了"，这会鼓励更多的白人携带毒品。而且因为白人的人数更多，所以这种影响可能相当大。毕竟，1/3的白人可以比1/3的黑人携带更多的毒品。

因此，无论是支持还是反对缉毒战，你都有充分的理由效仿美国公民自由联盟，呼吁制定更加平衡地对待各个种族的拦截搜查政策。这样将会有更少的逮捕率（让自由主义者更满意）和更大的威慑力（让禁毒主义者更满意）。

当马里兰州的统计数据首次出现在新闻中时，几乎每个新闻评论员都误读了它们的重要性。有些人看到了种族主义的证据，有些人看到了有效制止毒品交易的证据，但他们都错了。种族主义的警察会拦截更多的黑人，而关心犯罪威慑力的警察（而不是定罪率）会阻止更多的白人。当我们稍微运用一些经济学的推理，每个人都会受益匪浅。

灾难救援

只有麻木不仁的人才会看着电视上灾民的画面，并指望政府向他们伸出援手，尤其是当受害者看起来分外贫穷的时候。

卡特里娜飓风摧毁新奥尔良后，联邦政府迅速拨款2000亿美元用于灾后重建和灾民援助。这一轻率的行为影响了全国各地正在勉强度日的穷人，他们的生活变得更加艰难了。

原因如下：穷人会比富人更关注自己的预算。他们买便宜的衣服、便宜的食物和便宜的住房。如果住房足够便宜，他们甚至愿意冒着偶尔遭受灾害的风险，住在洪泛区。这就是为什么在新奥尔良，遭受卡特里娜飓风袭击的都是穷人——因为他们是生活在海平面以下的人。

每个城市以及城市中的每个社区，都有自己的配套设施、相应的居住风险和住房价格。人们可以进行选择，他们可以选择居住在便宜但有风险的地方，也可以付更多的钱住在更安全的地方。（风险只是影响房价的因素之一。比如尽管旧金山位于地震带上，但由于其了不起的配套设施，旧金山的房价仍然非常昂贵，但肯定比旧金山不在地震带上时便宜得多，而且旧金山最容易地震的区域房价也最便宜。）

但联邦政府的灾难援助政策迫使每个人都共同分担了洪灾风险，并拉近了房价之间的差距，从而消除了人们对居住区域的选择。如果政府随时准备通过提高堪萨斯城的税收来拯救新奥尔良，那么新奥尔良的房价就会上涨，而堪萨斯城的房价就会下跌。你再也不能通过搬到堪萨斯城来躲避洪灾风险了，你也不能通过搬到新奥尔良获得承担全部风险的好处。

没有人的生活因此得到明显的改善。那些愿意接受一些风险的人现在被迫过着更加昂贵的生活，而那些宁愿安全生活并为此付出代价的人现在被迫（通过税收制度）分担他人的风险。具有讽刺意味的是，这种同质化正是新奥尔良一直反对的。拥有不同文化的城市是好事；拥有不同音乐传承的城市也是好事；同样，拥有不同风险特征的城市也是好事。没有差异，我们怎么拥抱多样性？

由于穷人会选择廉价住房，而当灾难援助政策使廉价住房变得昂贵时，穷人就受到了伤害。如果你担心的是穷人一开始就不应该这么穷，我的回答是，你不必等到洪水来时再提出这个问题。与洪水有关的灾难援助政策问题是：考虑到穷人的人口数量，当我们向他们提供救灾援助时（这是好事），同时也会提高他们的住房成本（这是坏事），那我们是让他们变得更好还是更糟了？在我看来，拒绝回答这个问题无异于对穷人的实际利益漠不关心。

你可能会说，我们真正需要为穷人做的既有灾难援助也包括让他们负担得起的住房。那你还不如说，我们需要为穷人做的是送给他们神奇的粉色独角兽，而且是能提供无限牛奶供应的粉色独角兽。在不影响他们住房成本的情况下，我们根本不可能向生活在洪泛区的人们提供援助。而在没有认真思考过捐助项目对穷人来说是否弊大于利，就宣称自己如何认真地想要帮助穷人，这是非常不严肃的。

巴格达国家博物馆的洗劫

2003年，当巴格达陷入混乱时，抢劫者洗劫了国家博物馆，带着数百个陶罐、雕像、石碑和一大堆其他无用的垃圾逃走了。

其中包括一把有2600年历史的竖琴,但我向你保证,它演奏的音乐远没有我从互联网上免费下载的那么美妙。提到这一点是因为我曾在《石板》杂志上写了一篇文章,最大限度地降低了抢劫者的重要性,但收到了大量电子邮件,读者询问"那博物馆被抢劫了怎么办?"。是的,怎么办呢?博物馆里的很多东西都有5000年的历史了,如果它们是在我的车库里,我早就把它扫到路边了。

在抢劫事件发生的24小时内,似乎西方国家每一家新闻媒体的社论版都将其与古代亚历山大图书馆的焚毁进行了类比。饶了我吧!亚历山大图书馆是一个有用的知识的宝库,也是知识能得到传播的地方。阿基米德和无名英雄在亚历山大图书馆发明了水力学;埃拉托色尼在此处测量了地球的周长。古代世界最先进的医学、天文学和数学都产生于亚历山大图书馆。那么巴格达的国家博物馆有什么惊天动地的发现?现代科学技术起源于普林斯顿、巴黎和莫斯科,而不是古代文明的发源地。

如果博物馆的藏品不是科学技术的重要来源,那么它们的价值何在?我们失去了一些伟大的艺术品吗?好吧,我相信这些艺术品中的大多数在他们那个时代(大约公元前3000年)是伟大的,但自那以后,艺术技巧已经有了相当大的进步。假如这座博物馆能幸存下来,我也肯定未来会有游客对里面的一些藏品感到震惊和敬畏——它们所展现的东西现在再也看不到了。但这仍然称不上是亚历山大图书馆级别的悲剧,最多等同于狄兰·托马斯在39岁早逝的悲剧,因为当时他还没有完成他的杰作《在乡村天堂》(*In Country Heaven*)。换句话说,这是那种每10年就会发生几次的悲剧,而不是那种每几千年才会发生一次的悲剧。如果由我来决定,我宁愿让狄兰·托马斯重生再写20年的诗，也不愿花一个下午的时间去欣赏古巴比伦最伟大的艺术。

此外，我们肯定还保留了那些真正的好藏品的照片。这些照片可能不像原物那么好，但世界上99.9%的人都可以看到这些照片。这是亚历山大图书馆被焚毁和巴格达的国家博物馆被洗劫之间的另一个区别：亚历山大图书馆储存的许多书籍与原始手稿丢失了，而储存在巴格达的国家博物馆（或现代世界任何地方）的许多藏品都可以利用电子图像储存，人们只需点击鼠标即可检索。

那么历史呢？有一些藏品是关于文明是如何诞生的，但是现在我们不可能知道了？可能吧，但那又怎样？我碰巧很喜欢历史，但是世界上有很多可以了解的历史。如果巴格达的国家博物馆被抢劫意味着我会少读一本关于古代苏美尔的书，那我会多读一本关于中世纪英格兰的书，我不会因为这种替代而感到极度的内心缺失。如果我这样的人（我可能比世界上95%的人都更喜欢历史）都不太介意看到古巴比伦的文物消失了，那其他人为什么要这么在乎呢？过去的知识是极其宝贵的，但这并不意味着过去的每一点额外的知识都是宝贵的。从这个意义上说，古董很像水。地球上的水是无价的，没有它我们就活不下去。但这并不意味着每次有人打翻一桶水时我们都要哭，因为我们有足够多的水。同样，古董在许多层面丰富了我们的生活，但这并不意味着每次有人洗劫博物馆时我们都要哭泣，我们周围仍有足够多的古董满足我们一辈子的好奇心。

这么说吧：如果你认为你的生活会因为失去这些藏品变得更加匮乏，那么你确实需要更好一点的生活。这个世界上还有很多比你想象的多得多的、令人着迷的事物，所以当有一个消失时，你完全可以用另一个代替它。

　　这里最大的谬误是，认为因为藏品昂贵或不可替代，所以它们具有巨大的社会价值。这是错误的，原因有很多。首先，这些藏品中的许多之所以昂贵，只是因为博物馆馆长花了别人的钱以高价将它们拍了下来。有5000年历史的石碑能有什么市场？其次，也更重要的是，我们没有理由认为一件艺术品的社会价值可以通过它的价格反映出来。这是因为艺术品可以转移人们对彼此的关注度。丹·布朗写了一本名为《达·芬奇密码》(*The Da Vinci Code*)的畅销书，这本书卖出了750多万册，作者赚了2000多万美元，但这并不意味着没有这本书，世界就会损失2000万美元。如果《达·芬奇密码》没有被写出来，其他一些现在不为人所知的书可能会取代它成为畅销书，读者也会同样高兴。

　　书不像橙子，即使你种出了世界上最好吃的橙子，第二好吃的橙子还是会被吃掉。但如果你写出了世界上最好的书，那么第二好的书就会失去很多读者。因此，一个橙子的市场价格可以很好地反映其真正的社会价值，而丹·布朗的2000万美元大部分只是很好地反映了他从其他的作者那里转移了什么。

　　换句话说，写书（或创作艺术品）具有重要的溢出效应。通过写这本书，我把成本强加给了其他一些作者，因为如果读者不读我的书就会读他们的书。但当我决定写这本书时，我不会考虑到这些成本，所以写这本书很有可能是一种具有社会破坏性的行为。

　　更明确地说，如果这本书对你来说值20美元，而你本来要读的那本书值18美元，那么我可能给你的生活带来了2美元的改善，但却向你收取了20美元的费用！这意味着我的报酬太高了。

出于同样的原因，巴格达的国家博物馆藏品的价值也可能被高估了。

全球变暖和城市拥堵

你是否对自己的车也成了全球变暖的一分子而感到内疚？不要再内疚了，你可以去买一个地球通行证。只要登录http：//www.terrapass.com，用手头的计算器计算你应该花多少钱就行。地球通行证公司会用你的资金资助清洁能源项目，这些项目可以抵消你的汽车的二氧化碳排放量。

这是一个很可爱的想法，我很赞赏它背后蕴含的温情，但它完全忽略了几个重点。

首先，二氧化碳排放肯定会产生溢出成本，所以我们应该对开车的行为加以劝阻，这是征收汽油税的好理由。但在这一点上，地球通行证公司的做法在两个方面严重失效：首先，它只对那些已经感到足够内疚而购买地球通行证的人"征税"。据推测，这些人正是那些认真思考开车会造成环境污染的人。

其次，与汽油税不同的是，地球通行证公司并没有增加额外行驶一英里的成本——而这正是正确的激励制度需要做的。地球通行证公司告诉我，针对我的汽车品牌和型号，如果我每年的行驶里程少于20000英里，我每年应支付49.95美元。如果我每年的行驶里程多于20000英里，那么我每年应该支付79.95美元。但当我将每年的行驶里程从10000英里增加到12000、15000英里时，我不用为此付出任何额外的成本。而重点应该是让我感受到我驾驶的每一英里的溢出成本。

另一个问题是地球通行证公司坚持投资清洁能源项目，而不是具有最大社会价值的项目。用我的49.95美元支持一个车库乐队或投资通用电气公司，都比投资清洁能源项目更有利于这个社会。

理想情况下，我们应该对具有社会破坏性的活动征税，并且把税收收入投入到我们可以想象到的最具社会生产力的项目上。像地球通行证公司这样的伪征税也是如此，我们没有理由将酒精税指定用于酒精中毒治疗，也没有理由将地球通行证公司的收入指定用于环境治理。

但我对地球通行证公司最大的反对意见是，它只挑了一个相对较小的溢出成本，而忽略了一个更大的成本。我的二氧化碳排放量每年会造成大约50美元的损失，但我在公共街道上停车（占用了宝贵的不动产）带来了更大的成本。

显然，直到2006年才有人注意到强制性的免费或低价停车的社会成本是惊人的，我们对这种停车的补贴甚至与我们在医疗保险或国防上的花费相当。注意到这一点的人是加州大学洛杉矶分校的唐纳德·舒普教授，他就这一问题写了一本颇有见地的书，名为《免费停车的高成本》（*The High Cost of Free Parking*）。

城市的路边停车位几乎总是定价过低，这就是为什么你几乎永远找不到停车位。在许多情况下，没有路边停车位会更好，因为这样就可以腾出用于扩建住宅、商店、咖啡馆或额外行车道的地皮。当然，这样就更难找到停车位了，但很多人会转而乘坐公共交通工具，这是件好事。

为污染空气感到内疚，而不为堵塞城市街道感到更内疚是矛盾的。你可能会争辩说，全球变暖是一个比城市堵塞更大的问题。你可能是对的，但这不是问题所在。问题是你为全球变暖出的力与你为城市堵塞出的力之间的大小，如果你是一个生活在城市的司机，后者可能会让前者相形见绌。

即使你从不开车进城，你（至少间接地）仍然为城市堵塞出力了。郊区的购物中心几乎都需要超大型停车场，而且永远不会满员。你可能没有意识到这一点，因为你总是在附近寻找停车位，而这些停车位几乎都是满员的。但边远地区的停车区域却闲置着，使这些地段的土地无法用于任何有社会价值的用途。正是因为每一个开车来的购物者，才造成了这些停车场的规模变得越来越大。

关心自己是否在破坏环境是一件好事，但最好也记住，环境不仅仅包括我们呼吸的空气，它也包括拥挤的人行道和巨大的空停车场。可能对于那些有更广阔视野的人来说，有一个地球通行证系统是好的。

或者更好的是，我们可以适当地给停车位加价。正如舒普教授所指出的，我们已经为停车付出了高昂的代价，只是我们"以消费者、投资者、工人、居民和纳税人的身份"间接支付掉了。但如果我们以驾驶者的身份直接付费，我们就会更有动力维护潜在的稀缺资源，也就是停车位。可以肯定的是，任何关心环境的人都应该能看到这一目标的崇高性。

我在巴诺书店的贸易赤字

有一件事让我非常高兴，一家巴诺书店在纽约的皮茨福德开业了，离我在布莱顿附近的家大约只有一英里。每周我都会在巴诺书店买几次东西——主要是买书，有时买磁带，偶尔买软件，但几乎每次都会买一杯咖啡。

自从巴诺书店进驻以来,我与皮茨福德之间的贸易赤字就呈爆炸式增长。换句话说,我在皮茨福德花的钱比以前多了。贸易赤字指的是你在某个地方的花费减去你在那里的收入。我在皮茨福德没有任何收入,所以我的贸易赤字完全等于我的支出。

最近,我一直在思考贸易赤字,因为今天早上我拿起当地报纸时,读到了一篇关于美国与墨西哥贸易赤字的评论文章。它说,在北美自由贸易协定之前,美国与墨西哥之间是贸易顺差,普通美国人在墨西哥赚的钱比他在那里花的钱还多(生产销售给墨西哥人的商品算"在墨西哥赚钱";购买墨西哥制造的商品算"在墨西哥消费")。而今天的情况正好相反:美国在墨西哥存在贸易赤字,而且还在增长。

根据这篇专栏文章,没有北美自由贸易协定,普通美国人会过得更好。但同样的逻辑也可以"证明",没有巴诺书店,我会过得更好。这个结论不仅是错误的,而且与事实完全相反。当人们利用新的机会购买他们想要的东西时,这通常会让他们更快乐。

事实是,我们与墨西哥贸易地位之间的任何变化,都是自由贸易对美国人更有利的证据。比如我的邻居在新的巴诺书店找到了一份工作,那么他与皮茨福德的贸易顺差增大了,就像我自己的贸易赤字一样。在这两种情况下,这些变化都意味着我们的生活变得更好了。

同样的类比说明了另一点:尽管北美自由贸易协定引发了美国与墨西哥之间贸易地位的变化,但贸易赤字的实际水平实际上毫无意义,反而可以证明我们的生活得到了改善。如果巴诺书店位于潘菲尔德而不是皮茨福德,那么我与潘菲尔德之间的贸易赤字会更高，与皮茨福德的贸易赤字会更低，但我的生活会和现在差不多。

一个更有趣的数字是我的整体贸易赤字，也就是我所有支出减去所有收入的总和。昨天我的整体贸易赤字相当高：我花了600美元买了一块客厅地毯，而我赚了0美元（昨天是星期天，我不想工作），所以我的总贸易赤字是600美元。

在过去，商业记者都习惯将整体贸易赤字的每一次增加描述为"恶化"。根据这一过去的习惯，我昨天过得很糟糕。但对我来说，昨天并不是糟糕的一天。我喜欢我的新地毯，如果一定要等到有一天，我在当天赚到了足够支付它的钱，才可以购买地毯，那我会感到很不方便。

当国家的整体贸易赤字增加时，这意味着美国人的平均支出超过了他们的收入。也许这是因为你的同胞们很愚蠢，也许这只是因为他们有良好的判断力，意识到你有时会入不敷出——前提是你愿意动用你的储蓄。

无论如何，愚蠢的贸易顺差比愚蠢的贸易赤字更危险。这是因为贸易赤字本身是受限的：如果你每年都有贸易赤字，破产最终会迫使你停止这么做。但过高的贸易顺差可能会永远持续下去，永久的贸易顺差可能意味着你要么工作太辛苦，要么消费太少。无论哪种方式，你都没有从生活中获得足够的乐趣。

当你看到国家的整体贸易赤字时，要记住的最后一件事是：国家只不过是单个家庭的总和。但是，你对别人家里发生的事情的关心程度是有限的。即使你确信普通美国人花得太多，赚得太少；或者花得太少，赚得太多，也很难清楚为什么这与你有关，只要你自己的家庭井井有条就行了。为你的邻居的消费习惯而烦恼就像为他客厅地毯的颜色烦恼一样，也许客厅地毯选了青柠绿色是个错误，但这也是他要承受的错误。

有关商业外包的寓言

曾经有一个人发明了一种新的、更便宜的方法分析核磁共振成像数据。于是，医疗费用下降，而且更多的人得到了更好的医疗服务。这项发明让一些放射科医生失业，但即使是这样，也有它的好处，经过一些再培训后，放射科医生重新进入了其他医疗专业领域，在那里，他们的才能得到了更多的重视。

于是，我们这位发明家被誉为民族英雄，新的托马斯·爱迪生。虽然放射科医生抱怨了一下，但几乎其他所有人都认识到，如果没有一点点社会调整，我们就不可能有进步。就像蜡烛制造商曾经抱怨爱迪生发明的电灯泡一样，但其他所有人都会为之鼓掌。

很快，这位著名的发明家就收到了来自全国各地的核磁共振成像数据，并通过他那台神奇的新机器对这些数据进行了分析，而这台机器的工作原理是保密的。但有一天，一位调查记者追踪到了这位发明家心怀不满的前助手，并了解到这个伟大的"发明"只不过是一台可以连接到互联网的价值600美元的笔记本电脑。所谓的发明者是通过电子邮件将数据发送到亚洲，由低薪的亚洲放射科医生进行分析，然后这些医生又通过电子邮件发回报告。最后，这位发明家宣称这些报告是他的机器的分析成果。

全国人民义愤填膺。这个人根本不是发明家，他只不过是个外包商！所有的美国放射科医生因为他都失业了！纽约州参议员查克·舒默在《纽约时报》(The New York Times)上发表了一篇专栏文章，哀叹商业外包的弊端，并以放射科医生们的命运为例。

不知为何，每个人都忽略了这样一个事实：不管这些核磁共振成像数据是被发送到亚洲由放射科医生分析的，还是由发明者的神奇发明分析的，实际上并没有什么区别。外包的优势与神奇发明的优势完全相同，但当人们急于追溯商业外包的邪恶根源时，每个人都忽略了这些优势。

当然，这是一则寓言，改编自北卡罗来纳大学教授詹姆斯·英格拉姆很久以前写的一则寓言。但寓言与现实重叠了。不久之后，亚洲放射科医生们也可以通过互联网分析核磁共振成像数据，而且成本只是之前的一小部分。还有一件真实发生的事情，参议员舒默最近在《纽约时报》上发表了一篇专栏文章，谴责这样的问题，因为这意味着美国放射科医生们的工作岗位将会减少。

谁会猜到一位民主党参议员会抗议降低医疗费用，而且这对几乎所有人都有好处。当然，除了对那些为了继续对社会有用不得不接受再培训的高薪专家来说不算愉快。在同一篇文章中，参议员舒默也为年薪15万美元的美国软件工程师大声疾呼，他们面临着亚洲人的竞争，因为亚洲人做同样的工作年薪却只有2万美元。然而可以肯定的是，从这场竞争中受益的消费者，平均收入远低于15万美元。但这位参议员并没有为这些消费者感到高兴，而是站在了一小群高薪专业人士的立场，维护他们的高薪，尽管他们的工作已经不再需要他们的技能。

显然，参议员舒默不理解这个寓言的寓意。我只想向他解释一下：从经济学的角度来看，外包工作与发明新技术完全是一回事。如果你能把你的问题送到国外，让国外的人解决掉，就和把你的问题传送到一种新的机器上，然后从另一端拿出解决方案一样好。新的贸易模式就像新发明一样，可能会造成一些社会调整，但效益几乎总是大于成本。如果你为进步欢呼，那么你必须为贸易欢呼。

新种族主义

在距今不久的美国历史上，某一时期，政治领域曾出现这样一句话："只要有可能，联邦合同就应该由白人工人来履行。"政客们要求通过税收刺激奖励那些雇用白人而不是黑人的公司，这些政客还支持"知情权"立法，如果产品由"错误"的工人（黑人）生产时，就要提醒消费者，他们大肆宣扬的口号就包括"买白人生产的东西！"。

当我说这种事情发生在"距今不久"的时候，我指的真的是不久之前。我是从约翰·克里的网站上看到的以上所有信息，除了一些不重要的道德差异之外，一字不差。我做的唯一改动是：用"白人"代替了克里说的"美国人"。

但我并不是要把参议员克里或其他一般的民主党人单拎出来，实际上，我们的两个主要政党（以及大多数其他党派）中都充斥着贸易保护主义者的同路人，他们都倾向于基于国家或民族血统进行歧视，就像大卫·杜克或任何其他公开的种族主义者基于肤色进行歧视一样刻薄。但是，如果种族主义在道德上是令人厌恶的（确实也如此），那么仇外心理也是如此，而且他们都是出于完全相同的原因。

你可能会说，等一下，美国政府不是美国人选出来为美国人服务的吗？确实，政府的存在首先就是为了给自己的公民谋求福利，美国军队肯定会优先保护美国的领土而不是秘鲁等其他国家的领土。我们为了自己的方便而把州际公路设在美国，而不是为了冰岛人的方便而设在雷克雅未克。那么，为什么美国政府保护美国工人的政策不应该以牺牲外国人的利益为代价呢？

当然，美国政府是由美国人选举出来为美国人服务的。但是曾经有一个年代，很多南方地区的治安长官还说他们是被白人公民选出来为白人公民服务的。所以，美国政府为美国人服务并不意味着美国可以践踏其他人的权利。

至于国防和州际公路，这些都是伟大的事业。我们通过纳税来支付这些事业所需的费用，所以我们应该得到来自这些事业的好处，这是有道理的。美国军队保护美国人而不是秘鲁人，就像汉堡王为汉堡王的顾客提供食物而不是麦当劳的顾客一样。

但对劳动力市场来说完全不是这样。当通用汽车公司在底特律雇用一名美国人或在华雷斯雇用一名墨西哥人时，我们其余的人不会为此买单。这不关我们的事，也不应该关我们的事。

我认为这里的事实是不言自明的：我们更关心底特律的陌生人而不是华雷斯的陌生人，这个事实有一点丑陋。当然，我们最关心的是与我们最亲近的人——我们关心家人比关心朋友更多，关心朋友比关心熟人更多。但一旦我们谈论的是完全陌生的人时，他们实际上都是一样的。我有时听到美国人说："我更关心美国人而不是墨西哥人，因为我和美国人有更多的共同点。"如果你碰巧是白人，你也可以说你更关心白人陌生人而不是黑人陌生人，因为你和白人有更多的共同点。但这样就可以惩罚雇用黑人的公司了吗？无论如何，贸易保护主义是行不通的。旨在"保护"美国人的法律可能会提高我们的工资，也会进一步提高我们想要购买的商品的价格，使我们的生活变得更糟。这个事实（它确实是一个事实，而不是一个观点。这个事实在经济学中的地位就像达尔文进化论在生物学中一样根深蒂固）的证明过程可以在任何有关微观经济学的中级教科书中找到。这里的关键是，明白找到新的贸易伙伴就像找到新技术一样，都可以让我们获益。通过互联网让印度人分析你的核磁共振成像数据和通过你的新发明分析之间没有根本的区别。如果技术让我们变得更富有，那么贸易也必然如此。

但这一观察与我的主要观点相去甚远，我的主要观点是：即使贸易保护主义确实奏效，即使克里式（或纳德式或布坎南式）的保护主义能够以牺牲外国人的利益为代价改善美国人的福祉，它仍然是错误的。

如果你支持贸易保护主义是因为你认为它对你有好处，那么你可能只是把经济学理论搞错了。但是，如果你支持贸易保护主义是因为你认为可以通过牺牲外国人的利益提高你的美国同胞的利益，那么在我看来，你的道德准则也是错误的。

当然，这本书应该是关于经济学的，而不是道德标准的，你的道德标准可能与我的非常不同。但容我说一句：如果我们可以通过剥夺外国人谋生的权利来致富，那么我们为什么不能通过入侵和平国家并夺取他们的资产来致富？但是我们大多数人都不认为这是一个好主意，不仅仅是因为它可能会适得其反，而是因为我们相信人类是有人权的，无论他们是什么肤色，无论他们住在哪里。盗窃资产是不对的，以盗窃谋生的权利同样是错误的，无论受害者出生在哪里。

十五　有关生死的思考

2006年，达拉斯的报纸报道了一则新闻，贝勒地区医疗中心一名27岁的病人塔哈斯·哈布特吉里斯因无法继续支付医疗费用而被拔掉了呼吸机。据报纸报道，医院提前10天给哈布特吉里斯女士发出了通知，然后在账单未被支付的情况下，在第11天拔掉了维持她生命的仪器，哈布特吉里斯女士大约在15分钟后死亡。

每日科斯网站的网络博主们，尤其是一名叫"尤卡坦人"的博主，愤怒地站了出来，他声称是因为报道上说，医院只为"经济考虑"而没有"同情心"，最终拔掉了哈布特吉里斯的呼吸机。没过多久，贝勒地区医疗中心就发表了一份声明，否认经济因素在这一决定中起到的作用，根据贝勒地区医疗中心的说法，做出这一决定时，他们没有进行任何成本效益分析。

我衷心希望贝勒地区医疗中心的否认是个谎言。毕竟，"成本效益分析"只是一个花哨的短语，其真正的意思是"认真考虑后果"。哪个"道德怪物"会不顾后果地拔掉一个女人的呼吸机？

我们可以想到的一个原因是，通过拔掉哈布特吉里斯女士的呼吸机，可以让其他人继续使用呼吸机。并且其他人的需求越紧急，你就越想拔掉她的插头。这就是成本效益分析，这也是（如果你不相信我，你可以向受益者的亲戚核实）同情心的另一种表达方式。

同情心和经济考虑之间永远不会冲突，因为它们都是为了满足人们的需求。例如，如果你问人们（尤其是穷人），他们最迫切的需求是什么，你会发现"有保障的呼吸机"在列表中排名很低。好吧，我还没有做过调查，但我在这里大胆预测，像牛奶这样的东西，将比"有保障的呼吸机"更优先。

当我谈到"有保障的呼吸机"时，我指的不是一个按月支付保费的合同。我说的是一种社会承诺，也就是即使人们付不起账单，也能让他们继续使用呼吸机。尤卡坦人和其他博主想当然地认为，一个富有同情心的社会必须要提供这种"有保障的呼吸机"。而我认为正好相反。

我的信封背面写着：在人的一生中，"有保障的呼吸机"的社会成本是75美元（我是用提供呼吸机的成本乘以人们最终需要呼吸机的概率，得到的这个数字）。我大胆猜测，如果在塔哈斯·哈布特吉里斯21岁生日那天，让她自己挑选价值75美元的礼物，她肯定不会选择"有保障的呼吸机"，相反，她可能会选择一份75美元的食物、一双新鞋，或者在随身听上下载几十首音乐。

给别人送错礼物可以说没有同情心，给喜欢喝牛奶、吃鸡蛋的人"有保障的呼吸机"也没有同情心。有人甚至会说，选择忽视他人的喜好恰恰是站在了同情心的对立面。

无论是通过自愿还是税收制度，关于富人应该向穷人提供多少援助，总是存在很大的分歧。但可以肯定的是，无论富人花多少钱，都应该花在对穷人最有帮助的地方。

因此，我们真正应该权衡的不是提供呼吸机还是牛奶、呼吸机还是减税、呼吸机还是对外战争。我们应该花更多的钱帮助穷人是一回事，把我们目前的支出花在最需要的地方是另一回事。

每日科斯的博主让我们保证，向所有负担不起的人提供呼吸机。如果用同样的成本，让这些人在"有保障的呼吸机"和75美元现金之间做出选择，如果选择的结果证明我错了，他们都想要"有保障的呼吸机"，那我无话可说，但我们至少要先问问他们！塔哈斯·哈布特吉里斯非常有可能选择现金，虽然她之后会生病并后悔自己先前的决定。然后，社会作为一个整体，又将处于与之前完全相同的位置——决定是否为哈布特吉里斯女士多活一段时间买单。

在这一方面，人类都有一种强大的本能拯救自己，更准确地说，人类有一种强大的本能要求别人来拯救自己（我猜在哈布特吉里斯事件之后，每日科斯上也没有人会为穷人的"有保障的呼吸机"提供帮助）。尽管如此，我们必须做出选择。帮助每个需要呼吸机的人的政策，就是减少用其他方式帮助同一阶层人的政策，但我宁愿以其他方式帮助他们。

当我在《石板》杂志上发表以上观点时，罗伯特·弗兰克在他《纽约时报》的专栏中批评了我"完全无视同情心、移情等道德情感"。弗兰克教授认为，政府应该为穷人提供呼吸机服务。但如果政府不购买更多的呼吸机，就无法提供更多的呼吸机服务。因此，弗兰克教授的立场实质上是：如果他有100万美元可以帮助穷人，他会把它花在几台呼吸机上。就我自己而言，我更愿意给穷人买牛奶和鸡蛋。

值得注意的是，弗兰克教授承认，大多数穷人确实更喜欢牛奶和鸡蛋，但他仍然主张为穷人提供呼吸机服务，理由是它会让我们的良心更安宁。但是，为了让自己感觉更好而忽视他人真正的需求，其实就已经站在了同情心的对立面。

考虑经济因素意味着（按定义来说）试图给予人们他们最重视的东西。换句话说，真正的同情心就是考虑相关的经济因素。

许多年前，诺贝尔经济学奖得主托马斯·谢林问，为什么社区有时会花费数百万美元拯救一个已知的受害者（比如一名被困矿工），但却拒绝花费哪怕20万美元建造一个平均每年可以拯救一条生命的高速公路护栏。他的答案是要区分"已识别的生命"（如被困的矿工或塔哈斯·哈布特吉里斯女士）和"统计意义上的生命"（如护栏的未知受益者）。罗伯特·弗兰克欣然接受了这一区别。出于某种原因，我们应该更关心"已识别的生命"，而不是"统计意义上的生命"。不知道为什么，所有这些都被认为是当穷人更需要牛奶时给他们呼吸机的理由。

但是，刻意区分"统计意义上的生命"和"已识别的生命"是一种逻辑上自相矛盾、道德上模糊不明而且根本无法维持下去的理论。首先，它是自相矛盾的：一个生命应该在什么时候从"统计意义上的生命"转变为"已识别的生命"？我刚从新闻上得知，西弗吉尼亚州有一名矿工被困。目前，我对他一无所知，所以我认为他的生命是"统计意义上的生命"。那么这个生命什么时候变为了"已识别的生命"？当我知道他的名字时？当我知道他住在哪个镇的时候？这根本没有明确的界限。

你可能会说，他在被困在矿井里的那一刻就是"已识别的生命"了，但这同样是武断的。昨天我知道，从统计学来看，在西弗吉尼亚州的矿工中，几乎可以肯定每10000人中至少有1人被困，但我不知道那个人会是谁。今天，我知道有一名矿工被困，但我也不知道他是谁。这两种情况在本质上似乎是相同的。

同样，假如我提前知道，今年肯定将有X个人需要呼吸机来延续他们的生命，我愿意支付一定的金额提供这种支持。根据谢林和弗兰克教授的说法，这个金额应该增加，但具体什么时候增加？当我知道他们的名字时？当我知道他们孩子的名字时？

除了自相矛盾，"统计意义上的生命"和"已识别的生命"之间的区别在道德上也是模糊不明的。究竟为什么我应该更关心一个陌生人而不是另一个陌生人，仅仅因为我碰巧知道了他们的名字？或者除了名字外其他一些随意的标准？如果我花100万美元，要么可以救一个我所熟知的需要呼吸机的陌生人，要么救10个我对他们一无所知的被困在矿井里的陌生人。那么，每次我都会选择拯救10个"统计意义上的生命"。因为在我看来，不这么选择在道德上应该受到谴责。

是的，我意识到人类有一种强大的本能，那就是把资源倾注有所了解的人身上。我甚至认为，我知道这种本能是如何进化的：在人类历史的大部分时间里，我们最了解的人往往是与我们关系最亲近的亲戚。但在互联网时代，情况发生了变化。

穴居人的本能是更喜欢"已识别的生命",但这就像穴居人的本能是向任何试图激怒自己的人扔粪便一样过时。

归根结底,即使你很想这么做,你也不可能坚持认为"统计意义上的生命"和"已识别的生命"之间有区别。你根本不可能出台一项政策,只允许花费不超过20万美元来拯救一般的"统计意义上的生命",但必须花费高达1000万美元来拯救那些特定的"已识别的生命",因为每一个"统计意义上的生命"最终都会变成一个特殊的"已识别的生命"。如果我们只愿意支付给每人20万美元,来拯救那些我们知道今年晚些时候会需要呼吸机的100人,然而,在我们知道他们的名字后,不得不支付给每人1000万美元,那还不如一开始就同意预先支付给他们每人1000万美元。

"识别/统计生命"理论本质上是,只要有3个受害者碰巧是匿名的、不可确定的,我就应该选择让这3个人死亡,去营救我们有所了解的人。但我更愿意生活在这样一个世界里:人们以他人希望被帮助的方式帮助他人(尤其是穷人),生命的价值并不取决于我们是否碰巧知道他是谁[1]。

如果我能通过释放一种有可能杀死你的有毒化学物质(假设死亡率为百万分之一),来为你节省5美元的税款,我不会这么做。但如果我能通过释放同样的化学物质为你节省20美元的税款,我可能会这么做。

那是因为我考虑到了你的经济利益。我知道大多数人宁愿

---

[1] 不止一位聪明的经济学家试图通过以下观点来为"已识别的生命"辩护:(对受害者来说)救一个人的命比从1%的死亡率中救出100人更有价值。我不相信这个论点是正确的,并且我已经在我的网站http://www.landsburg.com/lives.PDF上详细说明了原因。

继续维持100%的安全也不愿多赚5美元,但大多数人宁愿多赚20美元也不愿意维持100%的安全。

我之所以知道这一点,是因为经济学家已经养成了观察人们选择的习惯。例如,人们为了获得更安全的工作愿意接受一定幅度的减薪。在此基础上,哈佛大学法学教授基普·维斯库西估计,普通美国人愿意支付约5美元,以避免百万分之一的死亡概率。对于蓝领女性来说,这个数字接近7美元;而对于蓝领男性来说,这个数字甚至更高(是的,蓝领愿意比白领支付更多的安全费用。原因尚不清楚,但数据是这样显示的)。经济学家总结维斯库西的发现时认为,美国人的平均生命价值约为500万美元。当然,还有其他方法衡量生命的价值:比如化学家可能会计算组成人类身体的化合物的市场价值;会计师可能会计算每个人未来收入的现值;神学家可能会宣称你的生命是无价的。针对你要解决的问题,这些计算中的任何一个都可能是相关的。然而,当你试图解决如何让人们更快乐的问题时,往往是经济学家的计算更起作用。

你的生命可能价值500万~1000万美元,让我们四舍五入就算是1000万美元吧。但这并不意味着你会以这个价格把你的生命卖给我,我甚至怀疑给你出10倍的价钱你也不会这么做。这只是用来衡量你愿意付出多少来避免微小风险,但对于许多政策问题来说,这正是我们想要衡量的。

如果金刚有可能杀死3亿美国人中的300人,那么你成为受害者的概率就是百万分之一。如果我们能用价值3亿美元的猿类驱逐剂阻止它(也就是说,每条生命价值100万美元),平摊下来,每个人的税收账单上会增加大约1美元。那这是一笔好交易。

但是，如果要花费300亿美元来阻止金刚，也许允许他肆虐破坏会更好。因为平摊下来每个人要为此付出100美元，我们从维斯库西教授的研究中了解到，大多数人都不愿意花这么多钱来避免百万分之一的死亡概率。让金刚肆意横行，其实是尊重了大多数人的选择——即使这个世界会有巨猿横行，也应该让你感到顺心称意。

在现实世界中，我们并没有受到巨猿的威胁，但我们受到恐怖分子、车祸、街头犯罪和环境灾难的威胁。一个理性的政府会花多少钱来降低这些风险？答案是：人们想花多少钱政府就花多少钱，并非越多越好。粗略估计，相当于每个人1000万美元。

美国公共广播电台《汽车漫谈》（*Car Talk*）节目主持人"挺杆兄弟"没有办法理解这一计算。他俩已经向驾驶途中使用手机的司机宣战，他们的武器是道德劝说，并用一些伪逻辑和伪证据做支持。他们的目标不仅是司机还有立法者。他俩（真名：汤姆和雷·麦格里奥兹）希望禁止所有50个州的司机使用手机。到目前为止，他们的目标实现程度为零（尽管一些州已经颁布了"免提"法律）。

开车时打电话是致命的，有很多证据可以证明这一点，对此我们没有疑问。使用手机会使事故发生风险增加近400%。但那又怎样？从"边开车边打电话是致命的"到"边开车边打电话是不好的"，中间有一个巨大的、毫无理由的飞跃。毕竟，很多事情都是致命的，但不是完全不好的。以驾驶本身为例，仅仅是开车（而不是待在家里的床上）就会使事故发生风险增加400%以上，但到目前为止，挺杆兄弟还没有提议禁止驾驶。

据推测，这是因为他们认识到驾驶的好处超过了成本，即使成本包括这个国家每年会有成千上万的死亡（这一成本并不完全由受益人承担）。换句话说，挺杆兄弟含蓄地承认，成本效益分析是公共政策的合法基础。因此，你可能会认为，他们欢迎对司机使用手机进行成本效益分析，至少作为讨论的起点。但相反的是，当这样的分析出现时，挺杆兄弟以尖酸刻薄的话语和谎言作出了回应。

布鲁金斯学会经济学家罗伯特·哈恩、保罗·泰特洛克和杰森·伯内特提供了这一分析，他们认为司机使用手机确实是致命的，但（总的来说）使用手机是一件好事。就我个人而言，我不相信这个结论，原因我会在下面讲。但至少他们认真尝试分析了一个困难的问题。然而，挺杆兄弟对任何试图思考这些问题的研究都感到愤怒。在他们的网页上，挺杆兄弟对布鲁金斯学会的研究不屑一顾，他们说："这里有一项经济学分析，显示了开车时打电话对经济有巨大价值（只要我们不考虑所有这些事故造成的伤害、死亡、痛苦和苦难！）。"

与此相反，罗伯特·哈恩、保罗·泰特洛克和杰森·伯内特的研究对象正是关于手机相关事故造成的受伤、死亡和痛苦。研究人员估计，在1年内，司机使用手机会造成约300人死亡，38000人受到非致命性伤害，200000辆车受损。但他们的研究目标是权衡这些成本与使用手机给司机带来的好处。

在给《纽约时报》的一封信中，挺杆兄弟提到了300名死者中的一名——一个名叫摩根·李的两岁半的女孩——并问道，"哈恩先生在他那精美、干净的经济学模型中给小女孩的痛苦和眼泪定了什么价格？如何解释这种彻头彻尾的自私"？

其实，如果他们肯花点时间耐心阅读这篇他们急于批判的研究论文（他们都毕业于麻省理工学院，所以这没有超出他们的能力），他们会找到答案：价格是660万美元，这是基于基普·维斯库西的分析而被广泛使用的标准（当我们谈论金刚时，我将这个数字四舍五入到了1000万美元）。

如果用金钱来衡量人的生命让你觉得冷酷无情，那还是成熟点吧。每当你用本来可以捐给当地消防部门的钱买了一块糖，你都在暗地里给人的生命赋予了价值。不管你是谁，愿意花多少钱拯救生命，这一金额都是有限度的。唯一的问题是你是否愿意诚实地思考这个限度有多大。维斯库西努力思考的不是自己的限度，而是如何通过观察他人的行为来衡量他人的限度。这就是660万美元的来源，这是对真实情况下，人们为了让自己更安全而愿意支付的总费用的估计。

哈恩和他的同事们估计，每起死亡事故的损失为660万美元，再加上受伤和车辆损坏的费用，一年内，司机使用手机造成的损失高达46亿美元。这就是让司机在开车时使用手机的成本，这是一个相当大的成本，但并不是所有昂贵的东西都是不好的。为了弄清楚它到底好不好，必须权衡成本和效益。

下面是衡量成本和效益的方法：手机通话的效益等于你愿意为它支付的费用，减去你实际为它支付的费用。支付意愿是根据需求估计的（考虑到一些电话比其他电话更有价值）。当然，实际费用来自现实生活中的手机账单。通过这种计算，哈恩和他的同事们得出结论：在一年内，司机接打的手机通话总价值为250亿美元。250亿美元的效益超过了46亿美元的成本，因此，根据哈恩和他的同事们的说法，司机使用手机是一件好事。

实际上，出于各种原因，我对以上说法并不买账。首先，司机的很多电话其实可以等到休息站再打，这部分不应该算作开车时通话的好处，因为即使禁止开车时通话，他们依然可以获得这些好处。因此，正如哈恩等人在论文末尾的一条注释中所承认的那样：边开车边通话的真正好处可能远远低于250亿美元。但他们仍然相信它远远超过46亿美元。当然，这是他们猜测的。

此外，哈恩等人在成本方面忽略了一个潜在的重要因素：他们计算了死亡人数、计算了受伤人数、计算了财产损失，但他们没有考虑到那些因为觉得在驾驶途中使用手机很危险而选择不开车的人的不便。这些人没有死亡或受伤，所以他们没有出现在统计数据中，但他们正在承担实际的成本。

所以，我完全不确定驾驶途中使用手机是一件好事还是坏事。但不像挺杆兄弟那样，在诉诸立法之前，我还是想自己想一想这个问题。

这些数字确实很重要。假设在修改了哈恩等人的论点后我们发现，禁止行驶中通话的成本是100亿美元，那么，挺杆兄弟所支持的禁令立法后怎么样？司机将放弃每年100亿美元的效益，以防止每年300人死亡的损失（包括一些受伤和财产损失）。即使以那些在事故中丧命的人的标准来看，这都是一笔糟糕的交易。在这样的对比基础上，大多数人宁愿冒险成为不幸的300人之一，也不愿放弃他们的手机。

另一方面，可能颁布禁令的成本可能只有10亿美元。如果是这样，禁令倒是个好主意。因此，对某些人来说，对这些数字进行正确的计算非常重要。哈恩和他的同事们至少已经在这个方向上进行了一次尝试，我希望接下来会有更仔细的研究。

两个多世纪前，一位名叫威廉·布莱克斯通的律师宣称：

宁可让10个有罪的人逃脱，也不要让1个无辜的人受苦。为什么是10个，而不是12个或8个？因为布莱克斯通这么说了，这就是原因。通过无缘无故地指定10这个数字，布莱克斯通公然拒绝考虑构建一个刑事司法系统所需要的更精确的权衡。但两个世纪以来，法律学者们一直在引用布莱克斯通的那本《反思》（Refusal），并误认为这是一个认真思考过的例子。

给无辜的人定罪当然是件坏事。我们都知道这一点，就像我们知道错误释放是一件坏事一样。困难的部分是决定，你愿意接受多少错误的无罪判决以避免错误的定罪。这个数字很重要。不管是10、12还是8，这个数字都很重要，因为每次我们重写刑事法规或修改证据规则时，我们都在调整这些权衡的条件，所以考虑我们这样做的目标是什么很重要。

这意味着要考虑成本。错误定罪的代价（对你来说）是你可能会成为那个不幸入狱的无辜者；错误释放的代价（对你来说）是你可能会遇到刚刚释放的罪犯（或者其他一些因错误释放而变得更胆大妄为的罪犯）。"10个有罪的人"的标准会让你承担一大堆风险，而"5个有罪的人"或"100个有罪的人"的标准会让你背上另一程度的风险。正确的标准是让你承担你更能接受的风险（"更能接受"的意思是"不能接受的程度是最低的"）。或者更好的是，既然我们都必须按照同样的规则生活，那么正确的标准就是我们大多数人都更愿意接受的标准。

在这种情况下，"10个有罪的人"似乎是一个过于严格的标准。谋杀案中的10次错误释放给了你10次与新释放的杀人犯相遇的机会。一次错误的定罪给了你一次（最坏的情况下）坐上电椅的机会。这两个我都不太能接受，但如果可以选择的话，我会选择后者。虽然我可能是错的，但我敢打赌其他人也会做出跟我一样的选择。我想我们都更愿意接受下面这样的情况：比如说"3个有罪的人"的标准。如果我们有75%的把握证明你犯了罪，你就会服刑。有75%的概率我们是对的，有25%的概率我们是错的，但每一次我们都可以接受这些概率。如果在某些情况下，我们有80%、90%或95%的把握，那我们会更喜欢这些概率。合理怀疑的界限应该就是我们认为勉强可以接受的概率。

你当然可以说："不，只要有任何可能把一个无辜的人送进监狱，我就永远不会满足。"我可以回答："好吧，只要有任何机会释放一个可能再次杀人的凶手，我就永远不会满足。"除非我们完全抛弃刑事司法系统，或者先发制人地监禁所有人，否则这两个标准都不会得到满足。我们肯定会犯错误，所以我们应该认真思考哪种错误的组合是最可以容忍的。只专注于一种错误通常是不太理想的。如果你从未错过一班飞机，那么可能是你在机场待的时间太长了；如果你从不给无辜者定罪，很有可能你没有给足够多的有罪的人定罪。

因此，我对75%的合理怀疑标准感到满意，至少在一个由一丝不苟的诚实警察组成的世界里是这样的。但在这个世界上，警察（和其他人）有时会制造证据来对付他们不喜欢的人（或者刻意不去寻找可能为一个"替罪羊"开脱罪责的证据），我对此感到很不舒服。这让我想将这个标准线再提高一点，可能会提高到像布莱克斯通认为的90%左右的标准。所以，也许归根结底他的说法还是正确的，但如果他能提前认真思考一下他的说法就更好了。

如果我们能处决杀人犯,为什么不能处决编写电脑病毒的人?根据我的计算,这将是一项更好的投资。

首先,处决一个杀人犯的价值是什么?最大的价值是,每一次处决都会阻止大约10起谋杀(我所见过的最高估计是24起,但在计量经济学文献中,最接近共识的估计是大约8起)。因此,可以说它拯救了10条生命,假设每个人的价值(也是最高估计)约为1000万美元,那么处决一个杀人犯的效益大约是1000万美元的10倍,即1亿美元——这可能太高了[1]。

将这一效益与处决那些编写了计算机病毒或木马病毒的黑客的效益比较一下吧。我们给这些人取了个名字叫"病毒黑客"。据估计,病毒黑客及其相关活动每年会造成全球约500亿美元的损失。

现在让我澄清一下,当我说"据估计"时,我的意思是有人在互联网上这么说。我们有很多理由相信,这个数字被严重夸大了,尤其是受害公司在提出保险索赔时往往会夸大损失。但为了便于讨论,让我们先使用这个数字,以后可以随时修改它。

考虑到500亿美元的数字,我们所要做的就是每年阻止0.2%的病毒黑客,这样就能获得与处决杀人犯相同的1亿美元效益。根据这个比较,任何超过0.2%的成果,以及任何比上一年做得更好都是赚到了。

好处是这样。那成本呢?死刑的代价是一条生命,通常(人们希望)是有罪的人的生命,但偶尔也是被错误定罪的无辜者的生命。问题是:哪一个更有价值?是一个被定罪的杀人犯的

---

[1] 如果你认为我高估了这一威慑效果,没关系,你可以调低它,这样这个论点就会变得更有说服力,而不是更没有说服力。

生命，还是一个被定罪的病毒黑客的生命？

看上去似乎是后者。与杀人犯相比，一个病毒黑客可能更容易改过自新，而且可能拥有更多值得利用的技能（然而，抵消这一点的是，这些技能可能会被进一步滥用）。我们之所以这么认为，是因为我们将杀人犯的平均生命价值定为零，将病毒黑客的平均生命价值定为1亿美元——与我们之前认为的10条生命的价值相同。

当然，这应该会让我们更不愿意处决病毒黑客。但即使如此，处决病毒黑客仍然可能胜过处决杀人犯。如果一次处决就能阻止价值2亿美元的电脑破坏行为，那么之前所说的1亿美元的病毒黑客的平均生命价值早就被抵消掉了，并且还有大量富余价值。这也只是计算机病毒每年造成损失的0.4%而已，并且仍然是一个没有被清除的障碍。

结论：在纯粹的成本效益基础上，我们应该更快地处决一个病毒黑客，而不是一个杀人犯。但显然我们没有这么做。那么问题就变成了：我们为什么没有这么做？

这里有一个答案：有些东西不可能完全被简化为数字。谁会在乎某个经济学家说一个人的生命价值700万美元、800万美元或1000万美元呢？从某种抽象的学术角度来看，你可能会觉得这些数字很有趣，但它们与做出明智的政策决定毫无关系。

这个问题的问题就在于它本身是错误的。如果我们能在美国阻止一起随机谋杀，我们就能让你更安全一点，因为你成为谋杀受害者的概率就减少了大约三亿分之一（因为美国人就这么多）。如果我们能处决一个凶手并阻止10起随机谋杀，你的安全就会增加10倍，你成为受害者的概率就会减少三千万分之一。当我说你的生命价值1000万美元时，我想说的其实是我愿意支付1000万美元的三千万分之一（大约33美分）来换取额外的安全保障（实际上，你可能愿意再少付一点钱。因为每处决一次杀人犯，虽然会让你在大街上更安全，但也增加了你在将来被错误定罪和处决的风险）。

另一方面，假设我们可以处决一个病毒黑客，从而在一年内消除1%的计算机病毒。假设全球每年500亿美元的恶意黑客攻击损失中，有一半集中在美国，而你按比例承担了这一成本，那么我们等同于把大约83美分放回了你的口袋。你想要哪个，额外的安全保障（处决杀人犯）还是这些现金（处决病毒黑客）？几乎每个美国人都会选择接受现金，这正是我们从基普·维斯库西的研究中所认识到的。

处决杀人犯会给你带来更多的安全，而处决病毒黑客意味着给你更多的现金。权衡之后，很多人宁愿要现金也不要安全。因此，处决病毒黑客是更好的策略。这个推理至少有一个例外：也许有一种替代的、不那么严厉的惩罚，它对病毒黑客非常有效，而对杀人犯无效。

比如我们可以通过切断病毒黑客的资金供应，或让他们在网络游戏上的人物永久宕机，来有效地威慑他们，这样就没有必要对他们使用电椅了。但这是否可行还需要实证研究。

当然，这些都是非常粗略的推理。正如我已经承认的那样，500亿美元是我从互联网上获取的病毒黑客造成的损失数据，这可能比拍脑袋还要不可靠。我所有的其他数字也都是近似值，其中一些比另外一些好一点（有些人可能会争辩说，我忽略了死刑的道德成本和效益，或者说，死刑更好的理由是惩罚而不是威慑。就我而言，我认为政府的工作是改善我们的生活，而不是将其道德观强加于人）。所以，我不准备为这些特别的数字进行激烈的辩护，但我准备为使用这些数字的方式进行辩护。政府的存在很大程度上是为了提供某种保护，而且由于这样或那样的原因，我们无法在市场上购买这种保护。所以，当政府提供了我们最看重的保护时，它们的工作表现就是好的。而只有当我们计算成本和效益，并尊重我们的计算结果时，我们才能衡量政府的表现，即使这些结果是反常识的或违背我们的本能认知的。而不愿意做这种计算的政策制定者，本质上都是对政策本身的不认真。

十六 令人不安的事实

曾经有一位名叫兰德尔·赖特的经济学教授辞去了在康奈尔大学的工作，开着他的装有涡轮增压发动机的道奇汽车来到费城，开始在宾夕法尼亚大学任教。当赖特教授发现费城人为他们的汽车支付了多少保险时（通常25岁以上的已婚男子每年会支付超过3600美元的汽车保险），他放弃了开车。

如果你住在费城，你的汽车保险可能是密尔沃基的3倍，西雅图的2倍多。费城人过去一直比巴尔的摩、芝加哥和克利夫兰的同胞们支付了更多的汽车保险，尽管其他城市的失窃率要高得多。于是，赖特教授提出了一个问题，并最终在著名的《美国经济评论》上发表了一篇文章，标题非常具有煽动性：为什么费城的汽车保险如此昂贵？

一个合理的初步猜测是，答案与经济学几乎没有什么关系，而与美国各州监管机构的行为有很大关系。但事实并不支持这种猜测。匹兹堡和费城在同一个州，尽管匹兹堡的失窃率是费城的两倍多，但在匹兹堡，赖特教授可以用不到费城一半的价格为他的汽车投保。其他州的对比同样惊人：圣何塞比邻近的旧金山便宜得多；杰克逊维尔比迈阿密便宜得多；堪萨斯城比圣路易斯便宜得多。

就在赖特教授对这些差别感到困惑的时候，宾夕法尼亚大学一位名叫埃里克·史密斯的研究生遭遇了一场车祸。过错方是对方司机，但他的资产很少，也没有上保险，所以史密斯不得不向自己的保险公司索赔。这次不愉快的经历给了史密斯和赖特一次机会，从而发展出了一种新的保险定价理论。

简而言之，该理论的内容是未投保的司机导致了高保费，而高保费又导致了很多司机选择不投保。更详细地说，就是过多的未投保司机增加了像史密斯这样的问题，即使你没有过错，也必须从自己的保险公司那里获得赔偿。为了补偿这种风险，保险公司就会收取更高的保费。但当保费过高时，就会有更多的人选择不买保险，从而产生更多的未投保司机，最终形成一种恶性循环。所以，一个城市一旦进入这种恶性循环，就无法逃脱。

换句话说，保险费率是由自我验证的预言驱动的。如果每个人都预计有很多未投保的司机，保险公司就会收取高额保费，很多司机也会因此选择不投保。相反，如果每个人都预计大多数司机会投保，保险公司就会收取较低的保费，因此更多的司机就会购买保险。这两种结果都是自我强化的。城市一旦陷入这两种循环（无论出于什么原因），肯定会一直延续下去。

因此，现在的费城人可能正在为他们祖父母辈悲观情绪的爆发支付高昂的代价。与过去的悲观情绪相反，如果费城人相信保险费率将会下降，那么仅凭这一信念就可能使保险费率下降，让他们的邻居参与投保。再过一段时间，费城的保险市场可能会像密尔沃基一样。

情况也有可能不同。如果费城有足够多的"坚定的不投保者"，他们甚至不愿意以密尔沃基的价格为自己投保，那么密尔沃基式的结局将会被削弱。史密斯和赖特的保险定价理论预测，一些城市（但不是所有城市）具有长期维持低保险费率的潜力。

看到这种具有低保险费率潜力的城市将其转化为现实就更不错了。实现这一目标的一种方法是执行强制性保险法（史密斯和赖特指出，大多数州已经颁布了强制性保险法，但这与执行强制性保险法完全不同。此外，即使在保险法得到执行的地方，最低赔偿责任限制通常也很低，而且可能过低，以至于不会有太大效果）。

从理论上讲，强制保险可以让每个人的生活变得更好，包括那些目前宁愿不买保险的人。不愿意花3500美元买保险的费城人可能会欢迎一个花500美元买保险的机会。因此，如果强制保险可以让保费大幅下降，那么以前投保的人和新投保的人都可以受益（实际上，可能会有一小部分民众，他们大概处于收入分配的低端，即使花500美元买保险也会不高兴。但基于收入水平的保险补贴，将允许即使是最穷的人也能分享到较低保费带来的好处）。

对于理想化的自由市场主义者来说（比如说我），像史密斯和赖特这样的理论有一点刺耳。我们习惯于捍卫自由市场是自由和繁荣的保障，但在这里，自由和繁荣是相矛盾的：政府通过强迫人们放弃自己的短期利益，可以让每个人在长期受益（尽管一些自由主义者会反对说，这种长期利益是一种幻觉，因为被授权让我们的生活变得更好的政府会不可避免地滥用这种权力,从而损害我们的利益)。那么为了更便宜的汽车保险牺牲少量自由值得吗?我倾向于相信答案是肯定的,但这个问题让我有一点不安。

大多数时候,我们不会被迫在繁荣和自由之间做出选择,因为这两者是相辅相成的。加拿大弗雷泽研究所与全球数十家智库合作,给每个经济体的经济自由度从1至10进行了打分。拥有被限制权力的政府、低税收、产权保护良好、正常运转的市场和自由贸易的经济体将获得高评分。目前来看,中国香港排名第一,其次是新加坡,然后是新西兰、瑞士和美国,缅甸排名最后。

图16-1是经济自由度与人均收入的散点图,每个黑点都代表一个经济体(我省略了卢森堡,其人均年收入接近70000美元,加入卢森堡会让我不得不重新调整整个图)。从图中来看,黑点整体呈上升趋势。当然,这并不能证明任何因果关系,但它非常具有启发性,我们有足够的理论来支持这一观点。

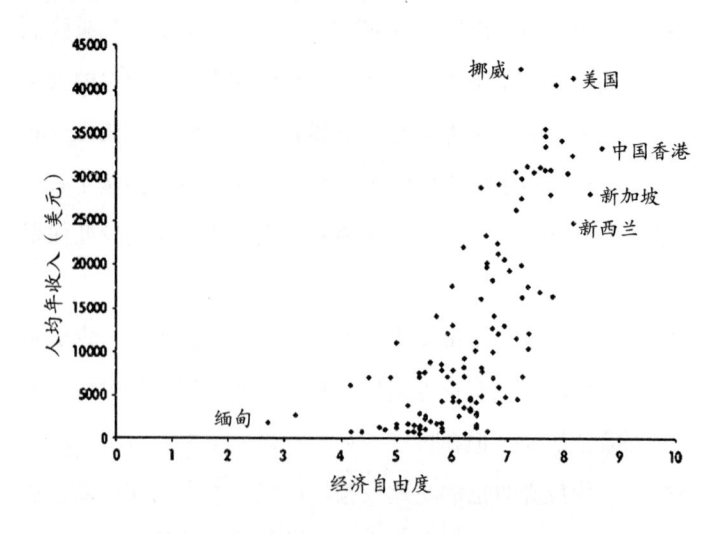

图16-1 经济自由度与人均收入散点图

顺便说一句，如果你对政治自由度进行同样的实验，包括固定频率的选举、强大的反对党、言论和宗教信仰自由等等，将这些因素反应在横轴上，你会发现这些点看起来几乎是完全随机的。在我看来，政治自由是一件好事，但与经济自由不同的是，它似乎与繁荣几乎没有联系。

对于我们这些既关心（经济）自由也关心繁荣的人来说，如果我们的两个目标总是和谐一致的，是一种幸运。在很大程度上，自由可以促进繁荣，但并不总是如此，费城的汽车保险市场就是个例外。事实上，这本书主要就是关心这些例外情况的。成本效益分析告诉我，这个世界上的性行为太少（至少在那些不滥交的人群中是这样）、人口太少、美貌要么太多要么太少（虽然美貌的人可以给我们带来乐趣，但他们也会转移别人对我们的注意）、创造性太少，但是书却太多了。这些问题中的每一个都可以通过税收或补贴来解决，而且只以牺牲一点点经济自由为代价。这才是让我感到不安的权衡。

诺贝尔经济学奖得主阿马蒂亚·森提出了一个更明显的权衡版本：假设一些人（称他们为"假正经"）重视他们的宗教信仰自由，但相比来说，他们更关注对色情片的禁令；其他人（称他们为"好色的人"）重视他们阅读色情杂志的权利，但相比来说，他们更关注对宗教的禁令。那么，如果同时禁止色情和宗教，可以让每个人都更快乐，同时让每个人都感到不自由，这算是一件可行的好事吗？森的困境不太可能出现在现实中，因为总会有人因色情杂志的禁令而感到受冒犯，所以禁令并不能让每个人都更高兴。但在实践中，我们不会根据政策是否会获得一致支持来判断政策的好坏。相反，我们采用更灵活的标准，如成本效益原则：当一项政策的效益超过其成本时，它就是好的。效益（或成本）由支持者（或反对者）愿意支持（或废止）政策花的钱来衡量。

不幸的是，这对避免陷入森的困境没有任何帮助，因为森的困境已经建立在了成本效益的基础上。假设我愿意花20美元去读保罗·克鲁格曼颠覆性的作品，而你愿意花40美元来阻止我。那么严格的成本效益分析表明，克鲁格曼的作品应该被禁止（如果你能找到我，并给我30美元改变我的阅读习惯，而且你能确信我不会拿了钱就跑，那么就没有必要禁止我。但让我们假设这种不切实际的安排会让禁书成为唯一现实的选择）。

这是一个让我们大多数人都反感的结论，最好可以避免它。一种避免的办法是简单地宣布"精神成本不算数"。如果你不喜欢被别人打脸，你的这种厌恶情绪（精神成本）会进入成本效益分析，并激励我们制定法律阻止殴打别人。但如果你不喜欢我读克鲁格曼的书，那是你自己的问题。

尽管这一立场听起来可能很吸引人，但它是自相矛盾的，这令人沮丧。如果我读克鲁格曼的习惯和我打你脸的习惯对你来说同样痛苦，为什么政策要阻止其中一个而不是另一个？

一个答案是，精神成本不应该被计算在内，因为它们太容易被夸大了。任何人都可以声称自己遭受了价值100万美元的精神痛苦，但我们无法知道这一说法是否是捏造的。另一个答案是，一旦你开始计算精神伤害，人们就会开始训练自己去感受痛苦。

这两个答案都不能让我完全满意。尽管如此，我的直觉告诉我，精神伤害不应该算数。另一方面，直觉也会不断告诉我可以再吃一块布朗尼蛋糕，所以我不确定我的直觉有多可信。

精神成本的另一面是精神效益。当美国陆军工程兵团对华盛顿东部的蛇河是否筑坝一事进行成本效益分析时,他们考虑到了所谓的"存在价值"——人们从看到河流奔腾这一现象中获得的心理价值。原则上,存在价值是有道理的。如果你的姑妈艾格尼丝无法忍受人们在蛇河上筑坝,那么她的痛苦就是筑坝的一种成本。当然,如果你的姑妈艾格尼丝无法忍受人们阅读《纽约时报》,那么她的痛苦就是新闻自由的一种代价。如果我们思路是一致的,我们要么同时迎合这两种偏好,要么都拒绝。

但为什么首先要考虑成本和效益呢?一个快速的(也是非常片面的)答案是,人们更关心成本和效益,因此考虑它们是改善人们状况的最直接的途径。我喜欢成本效益分析平等对待每个人的方式:成本就是成本,不管是由谁承担的;效益就是效益,不管是谁得到的。

我的学生经常反对说,成本效益分析给了富人太多特权。如果我最喜欢的攀爬树碰巧挡住了比尔·盖茨起居室的视线,我可能愿意花100美元保护那棵树,而比尔·盖茨愿意花50万美元毁掉它。砍掉这棵树会给我带来100美元的成本,同时给比尔·盖茨带来50万美元的效益,所以(如果我们是真正的成本效益分析的信徒)这棵树应该被砍掉。这样看来,是有钱人赢了。

对此,我有以下几点反驳意见。首先,值得注意的是,如果我们争论的是商业资产而不是一棵树,那么比尔·盖茨的财富就无关紧要了。如果一项商业资产能为他增加1000美元的利润,那么这就是他愿意支付的,与他是穷人还是富人无关。

其次,在树的例子中,比尔·盖茨的财富确实是一个巨大的优势。在很多情况下,财富都是一种巨大的优势。以房地产市场为例，比尔·盖茨的房子比我的房子大得多，其原因与我们的相对收入不无关系。也许你也认为这是一个糟糕的结果，但如果是这样，那么你的不爽可能跟成本效益标准无关，而与财富分配有关。你可以相信财富分配不公平，但仍然相信成本效益分析，就像你可以相信财富分配不公平，但仍然相信房子应该卖给出价最高的人一样。

另一方面，在得到更大的房子和被允许处理掉这棵树之间，（至少）有一个重要的区别：比尔·盖茨为他的房子付了钱，这意味着他的财富会因此变少一点，在未来的交易中影响力也会变小一点。但在树的例子中，他似乎免费获得了胜利，这更令人反感。这是一个合理的区别。但同样，这是一个可以在不放弃成本效益分析的情况下解决的问题：如果比尔·盖茨真的认为他的景观价值50万美元，那就让他为砍掉树支付30万美元。这样，他和我都可以更快乐。事实上，如果是我拥有这棵树，这就是将要发生的事情。

如果你想研究一个真正的成本效益难题，试试这个——第七巡回上诉法院的法官理查德·波斯纳给我们提供的例子。假设我愿意花10万美元用铁丝网把你捆起来，然后用牛鞭抽打你，而你愿意在不少于5万美元的效益下接受这个安排。这项交易对我来说价值10万美元，而对你来说成本是5万美元。所以，所有优秀的成本效益分析师都同意，我应该被允许用铁丝网把你捆起来，然后用牛鞭抽打你。事实上，这正是将要发生的事情，只要你和我能坐下来协商出（比如说）7.5万美元的价格。那么每个人——你和我，还有成本效益分析师——都会对这个安排感到满意。

让我们给这个交易加上一个邪恶的剧情：我的快乐建立在

违背你意愿之上。如果付给你钱，你就会开心地同意这次交易，这就完全毁了我的快乐。这该怎么办？

单纯从成本效益的角度来看，我仍然可以折磨你，却不给你报酬。那么按照严格的成本效益原则，有钱的虐待狂可以折磨任何他们想折磨的人。这比让比尔·盖茨砍倒一棵树更令人不安，我从未见过有人认为这是解决问题的正确方法。所以我的结论是：没有人——或者至少我见过的人中没有人——相信成本效益分析是政策评估的全部，我们还应该关心尊严和自由等价值观。所以尽管这是一件好事，但它确实意味着我们要做出一些让自己不舒服的权衡。

对于成本效益分析的实践者来说，还有另一个令人不安的问题：在做这些权衡时，应该考虑哪些人？

答案当然是"每个人"，但这仍然有很大的争议空间。未出生的胎儿是"每个人"中的一员吗？如果你将成本效益分析应用于堕胎相关的辩论，答案肯定很重要。胎儿的成本到底算不算？说到这里，牛算是"每个人"中的一员吗？在讨论素食主义的伦理基础时，答案肯定很重要。

要应用成本效益分析，首先必须决定胎儿是否算一个成熟的人，但一旦你做出了决定，成本效益分析在很大程度上是多余的。如果一般的成本效益原则没有告诉我们如何对待未出生的孩子，那么它肯定也没有告诉我们如何对待还没有受孕的卵细胞。我们是否有道德义务为数以万亿计可能会出生的人的利益负责，而除非我们愿意孕育这些人，否则他们永远不会有机会出生？

两个可能的答案——"是"和"不是"——在我看来都是

明显错误的。如果答案是肯定的，那么我们似乎有义务生下大量的孩子。如果那些还没有被孕育的人也有道德上的地位，那他们就像被关押在某种边缘境界的囚犯，永远无法闯入活人的世界，我们当然有义务帮助他们中的一些人逃脱（在第二章，我曾提到我们应该为了现有的人的利益生更多的孩子。但是如果你相信这里的说法，那么我们实际上是为了这些孩子自己的利益，才选择孕育了他们）。但这一切让我觉得很不对劲。

但是，如果答案是否定的，如果还没有被孕育的人在道德上没有地位，那么就算到人类灭绝那天，都不应该有任何道德谴责我们对整个地球做出的破坏（这并不是说我们一定要破坏地球，我们可能会出于一些自私的原因而保护它。这里只是说，如果我们真的想破坏地球，那在道德上是被允许的）。如果我们一开始就不孕育后代，并且还没有被孕育的人在道德上不算实体，那么我们的罪行就没有受害者，破坏地球就不算真的罪行了。

因此，如果还没有被孕育的人有权利，我们就会得到一组令人不安的结论；如果他们没有权利，我们就会得到另一组令人不安的结论。也许还有第三种方法，那就是承认我们无法在逻辑上严谨地处理涉及还没有被孕育的人的问题。接下来让我提供一些证据。

你肯定认识这样的夫妇：他们已经有了两个孩子，还没有决定是否要第三个孩子。他们摇摆不定，一会儿想要一会儿又不想要。权衡利弊之后，他们最后还是决定要孩子。从第三个孩子出生的那一刻起，父母就深深地爱着他，他们很乐意牺牲自己所有的财产来保护他的生命。

把是否生孩子的选择跟人们购买电器、家具或光盘比较一下吧。通常情况下，会让你犹豫的产品并不是你最珍视的产品。当然，也有例外。有时候你买回家的CD会出人意料地好听，但在大部分的情况下，如果你不确定自己很想要某个产品，它就不太可能被你珍视。那么，为什么孩子会如此不同？

我的一位同事坚持认为这里没有真正的矛盾。他说，把婴儿等同于微波炉是错误的。正相反，你应该把婴儿看作一种令人上瘾的药物。一旦人们决定尝试，就会上瘾而无法放弃。婴儿也是如此。

但我认为这是一个非常糟糕的类比，因为药物成瘾者往往是那些一开始就相信自己可以戒除上瘾的人。也许是因为他们愚蠢，也许是因为他们是偏好高风险的赌徒，但这就是他们的真实想法（不然为什么我们会听到这么多瘾君子用"早知道就好了"这句话来回顾他们的经历）。但父母不是这样的，父母提前知道而且几乎肯定他们会对自己的孩子上瘾。他们明明白白地选择了自己的嗜好，就像顾客选择了某种微波炉一样。

此外，父母和药物成瘾者之间的关键区别是：父母事先知道他们不想戒除自己对孩子的瘾。如果你已经有了两个孩子，还在犹豫是否要第三个孩子，那么你已经很清楚为人父母该怎么做了，而且你知道你会珍惜自己对孩子的依恋之情，并且根本不会因此鄙视自己（瘾君子会鄙视自己的行为）。当你知道在得到某样东西之后会如此热爱它，你怎么会在一开始就犹豫呢？作为独生子女家长，我可以证实人们确实有这样的行为。我知道，如果我能把他们带到这个世界的话，我还没有被孕育的孩子将是我最宝贵的"财产"。但我还是没有选择孕育他们，有没有可能这里根本就没有逻辑可言？

如果这里的讨论给你的印象是那种无聊的周日宿舍闲聊,不但让你无法准备化学期末考试,还没有形成任何有实际意义的结论,我不敢苟同。每当我们谈论现实世界的关键政策问题时,比如改革社会保障体系,我们都在含蓄地谈论我们对那些尚未孕育的后代的义务。如果不弄清楚这些义务是什么,我们就不可能理智地讨论这些义务。

当然,众所周知,有关社会保障的辩论从一开始就是不明智的(或荒谬的)。社会各方七嘴八舌,在有关社会保障的讨论中总是充斥着各种隐藏的保险箱、信托基金和其他与经济学理论毫无关系的会计伎俩。

基本的经济情况是:在2050年,世界上的人口中有一部分是年轻人,一部分是老年人。根据人们工作的努力程度,会得到一定数量的商品和服务分配。2050年的人们基本上将面临四个问题:年轻人应该努力工作到什么程度?老年人应该努力工作到什么程度?在由此产生的商品和服务分配中,年轻人应该消费多少?老年人应该消费多少?这些问题的答案将在2050年的立法中得到解决,很大程度上不会考虑我们今天通过的任何法律。因此,如果我们想帮助那些未来的公民,我们的会计规则和其他财政手段是完全无关紧要的。我们所能做的(只要我们想帮忙)就是减少消费,这样就会有更多的东西留给未来。我们将留给未来的公民更多更好的工厂,他们将生产更多更好的商品,他们将以我们无法控制的方式分配这些商品。

因此,关于社会保障体系只存在两个有意义的问题。首先,我们是否想减少消费,以便我们的孙辈可以消费更多?第二,如果这是我们想要做的,我们该如何让自己做到这一点?第二个问题的一个答案是:我们可以通过税收优惠鼓励储蓄。或者，我们可以通过逐步取消社会保障来鼓励储蓄，这至少会鼓励一部分人增加储蓄。这些改革的代价是我们不得不勒紧裤腰带，因为多储蓄意味着少消费。另外，逐步取消社会保障意味着我们可能会碰到更多脾气暴躁的75岁老人。

我们是否愿意做出这些牺牲，取决于我们更关心谁。如果我们愿意明天就关闭社会保障体系，彻底毁掉这一代七八十岁的老人，我们就可以让后代富裕起来。这是因为人们会立即开始储蓄，这并不比缴纳社会保障税更痛苦，但却具有促进更多投资的优势，从而建立更多的工厂和更大的生产力，并通过持续储蓄不断得到补充。用一句话概括就是：今天毁掉数百万老年人，未来造福无数人。

用严格的成本效益分析来看，这是一笔不错的交易，前提是我们把所有的后代都计算在内，就像把今天的我们计算在内一样（是的，我知道这对现在的老人来说完全不公平，但重点仍然是我们所做的事情利大于弊）。支持这一观点的说法有：无论何时出生，人都是人，我们应该公平地将所有人考虑在内。反对这一观点的说法有：（a）首先，我们没有生育的道德义务；（b）如果我们甚至没有义务给这些人生命，那么我们当然也不需要留给他们财富。

两个说法都很有道理，但结论却截然相反。如果这让我有点局促不安也请理解。

改革（或废除）社会保障制度应该会得到那些关心子孙后代的人的支持，在大部分情况下，他们也是支持环境保护的人。支持环境保护和社会保障制度改革的人，都愿意从目前活着的人身上拿钱给尚未出生的人。因此，我相信支持其中一个政策的人也会对另一种制度心怀善意。

如果你正努力决定自己在这些问题上的立场，你可能需要记住，那些尚未出生的人可能比你我富有得多。我在第二章中计算过，在短短400年内，我们的后代每天的收入可能超过100万美元。因此，如果你反对社会保障制度或支持环境保护，你就是把大量收入从相对贫穷的人（也就是你和我）转移到相对富裕的人（我们极其富有的孙辈）身上。既支持上述观点，还同意将富人的收入转移给穷人是自相矛盾的。

因此，我预估有一些人（更关心穷人，因此更关心当前生活中的人）会主张福利计划、持续的社会保障和减少环境保护；而另一些人（更关心富人，因此更关心后代的人）会主张减少福利、削减社会保障和增加环境保护。

当然，这些问题中的每一个都有更多需要讨论的细节，而且我确信，任何我们能想象到的一套政策都有符合逻辑的一系列思辨基础。但有些政策相比其他政策而言，在逻辑上貌似有那么一点自相矛盾，而正是这样的矛盾之处让我感到局促不安。

尽管我还没弄明白该如何正确对待那些尚未出生的孩子、计划孕育的孩子和永远不会被孕育的孩子，所以我把注意力转向了早已逝去的人。我们应该关心死者的喜好吗？

当然不应该，因为死者没有偏好，这是死亡的一部分。但这些死者曾经的偏好呢？比如"不要摘取我的器官"或"不要在我脑死亡后继续给我使用呼吸机"或"把我的骨灰撒在纽约证券交易所的接待大厅里"……这些偏好应该得到关注吗？

有时我们尊重死者的偏好，是因为我们认为死者非常明智，或者因为"让死者决定"是不用流血就能解决争端的好办法。当然,这些都是我们寻求美国宪法指导的原因,但在这里似乎并不相关。对死者偏好的尊重可以通过执行他们的遗嘱来体现,也可以在他们死前就改变他们的行为。如果你向我保证,我的遗产将归我女儿所有,而不是随便哪个陌生人,我就会多工作,少消费。这意味着其他人都可以少工作,多消费(毕竟,我生产而不消费的所有东西都可以提供给别人,而且是立即提供,不是在我死后才提供)。这是向人们承诺强制执行死者遗嘱的好理由,并且意义重大,这样其他人也会相信自己的遗嘱会被尊重。

另一方面,我认为你没有理由让我决定如何处理自己的遗体。我可能对这件事有强烈的偏好,但一旦我去世了,这些偏好就无关紧要了。只要我还活着,你执行这些偏好的承诺就不太可能以任何对社会有用的方式改变我的行为。托马斯·杰斐逊(我们有时会向其寻求建议的已故智者之一)告诫我们,地球属于生者。他的意思是,我们可以放心地忽略死者的喜好。一旦人们去世了,关心他们喜欢什么就无关紧要。

但活着的人的偏好呢?举一个恰当的例子:特丽·夏沃是一名需要戴着呼吸机的妇女,并且被诊断将永远处于一种接近死亡的昏迷状态。当她的丈夫和父母无法就是否拔掉呼吸机达成一致时,她的案例成了一件轰动全国的事件。[1]

夏沃事件辩论的关键实际上是对资源的控制,即夏沃女士的身体,因此完全属于经济学的范畴。夏沃女士的丈夫迈克尔想要放弃她的身体,而她的父母想要留下。接下来的问题是:

---

[1] 关于夏沃女士的实际情况,一直以来都存在相当大的争议。由于缺乏相关专业知识,在这一争论上我没有什么有见地的观点。为了论证起见,本章认为夏沃女士的身体状况是不可恢复的。

一旦有人决定放弃一项资源，我们是否要阻止其他人回收？如果我扔掉了一个烤面包机，而你想从垃圾桶里把它捡回来，获得一份经济净效益，这样有问题吗？如果迈克尔想放弃妻子，而她的父母想"回收"她，有什么理由阻止她的父母？

除了迈克尔就是想要阻止他们，成本效益分析的规则要求我们，假定所有人的需求都应该得到尊重，但我对此有些不太确定。

在审查制度方面我遇到过一个例外，这个例外同样适用于这里。我认为，为了阻止别人做他想做的事情而加以阻拦的偏好，并不是我们可以包容的一种偏好。这样做非常危险，因为它会引发各种各样难以划清界限的问题，而我不知道如何回答这些问题。但在我看来，另一种选择无异于支持清教徒的肆意行为。

在我看来，这里的迈克尔非常像一个清教徒。如果他对他妻子的身体有所利用，那么我还能稍微理解一点他的动机。但事实上，他从来没有想过要对妻子的身体做任何事情，也许除了按照他所认为的以一个基本上已经死去的女人的愿望安葬她，虽然这个女人的愿望早已不再重要。他唯一的愿望是阻止别人继续给妻子的身体戴呼吸机，我看不出这个动机和阻止别人读《查泰莱夫人的情人》（*Lady Chatterley's Lover*）有什么本质上的区别。

好吧，有一个区别是：我非常能理解人们为什么会读劳伦斯的书，但我不太理解人们为什么想继续供养那些基本上已经死了的亲人。如果他们希望其他人可以继续维持基本上已经死亡的亲人的生命（例如通过医疗保险），我认为我们可以放心地忽略他们的偏好。但如果他们自己愿意承担这些成本，那我推断这就是他们非常想要的，我们没有理由阻止他们。

但实际上迈克尔表达了同样强烈的想要埋葬她的愿望（他甚至拒绝了100万美元的出价，据一些报道说，他拒绝的是1000万美元的出价），于是我看到了这两种强烈愿望之间的本质区别。一个（继续供养夏沃的愿望）就像想读《查泰莱夫人的情人》的愿望一样，或者更确切地说，与想读一些我个人认为没有文学价值的其他作品的愿望一样。另一种（阻止他人供养夏沃的愿望）就像那些强烈要求审查别人的愿望，但即使有一个严格的成本效益分析支持这一审查，我也无法苟同。

以成本效益分析为基础的政策制定哲学和经济学论点充斥着许多教科书，这里不是总结它们的地方。我只想说，尽管（据我所知）没有人认为它们具有普遍的说服力，但只要大多数研究过这些论点的人认为它们具有广泛的说服力就行了。但问题是：应用这些观点的界线在哪里？

我倾向于在偏好的某个方向上画一条界线约束他人的行为。如果互联网上的色情内容、阿拉斯加的石油开采或垃圾桶里的拾荒者都会冒犯到你，那么我会很高兴地承认这种冒犯是一种真正的成本，但我在进行政策分析时，还是会选择不把它算到成本效益分析中。

我是怀着忐忑不安的心情做出这一选择的，因为我没有明确的原则性理由划定界线。如果你反对在你计划旅行的地方进行石油开采，我会倾向于认真考虑你的意见。但如果你反对在一个你只在白日梦中去过的地方开采石油，我倾向于忽略你的意见。我认为我已经用一些很好的理由解释了这些倾向，但我还是希望能有更好的理由。

当我被迫思考如何为后代着想时，我也感到同样的不安。但最让我感到不安的是，当我们面对市场失灵时（就像在费城那样），我们显然可以通过政府行动来缓解，但需要削减人们的一点自由。

如果我们对每一项溢出成本征税，并对每一项溢出效益进行补贴，那么原则上，公共水源应该会变得更加清澈。但干预过度的政府也会造成污染，我们也要记住这一点。

附录

下文有一些资料来源和进一步阅读的建议，还有一些其他观点。

前言：打破传统思维的智慧

我不知道是谁第一个说"常识告诉我们地球是平的"，但你可以在我最喜欢的智慧宝库——http：//www.nancybuttons.com网站目录上找到这句话。

再举一个可能有帮助的例子：每当通用汽车建造一家新工厂时，世界就能得到更多的汽车（这很好），但这是有代价的——这些汽车是由原本挤牛奶、铺设电缆或制作三明治的工人制造的，因此某个地方的某个人不得不少喝牛奶，或者为电缆接通多等一周，或者提前15分钟起床自己准备午餐。工厂占用的土地本来可以建造面包店或艺术家工作室，因此世界上的面包和绘画作品也变少了。

幸运的是，通用汽车公司意识到了建造工厂带来的这些成本和效益。他们为土地和工人支付的价格反映了它在其他用途上的价值，通用公司汽车的价格也反映了其为消费者创造的价值。如果效益超过成本，通用汽车公司就会建造工厂；如果相反，就不会建造工厂。就像事情原本应该是的那样。

但是，工厂注定会污染公共河流（或造成污染大气），那么上面的计算就不作数了。污染是一种真正的社会成本（它确实会对其他人造成伤害），但通用汽车公司可能无法认识到这一点。从这个角度讲，通用汽车公司建造了太多的工厂，就像在AA制的情况下有人点了太多的甜点一样。

一 性越多越安全

迈克尔·克雷默的艾滋病研究发表在《经济学季刊》（*Quarterly Journal of Economics*）上，标题为《将行为选择纳入艾滋病流行病学模型》。

二 多子多福

迈克尔·克雷默关于人口增长的研究发表在《经济学季刊》上，题为《人口增长与技术变革：公元前100万年至公元1990年》。关于数千年的经济停滞是如何被工业革命打破的扣人心弦的描述，请参阅诺贝尔经济学奖得主小罗伯特·E.卢卡斯的《工业革命：过去与未来》（*The Industrial Revolution: Past and Future*），由明尼阿波利斯联邦储备银行出版。关于经济增长对普通家庭主妇生活的影响，请参阅《经济研究评论》（*Review of Economic Studies*）中杰里米·格林伍德、阿南特·塞沙德里和穆罕默德·约鲁科戈鲁合著的《解放的引擎》一文。苏黎世大学的拉斐尔·拉莱夫和乔瑟夫·兹韦穆勒教授的研究论证了奥地利产假的效果，他们的论文题为《育儿假影响生育和重返工作岗位吗？来自"真实自然实验"的证据》，该论文在撰写本文时尚未发表。

四 镜子镜子，谁是世界上最漂亮的人

得克萨斯大学的丹尼尔·汉默梅什教授和密歇根州立大学的杰夫·比德尔教授在《美国经济评论》上撰文，证实了美貌对工资的影响。康奈尔大学的约翰·考利教授在《人力资源杂志》（*Journal of Human Resources*）上发表文章，证实了肥胖对工资的影响。宾夕法尼亚大学优秀的经济学家尼古拉·珀西科、安德鲁·波斯尔韦特和丹·西尔弗曼指出了身高会带来成功的原因，西尔弗曼现在在密歇根大学任教。聪明高大的普林斯顿大学经济学家安妮·凯斯和克里斯汀·帕克森将身高与工资的相关性归因于智力差异，他们的论文《身高和地位：身高与能力在劳动力市场的不同表现》在撰写本文时尚未发表。CMP的研究发表在《政治经济学杂志》（*Journal of Political Economy*）上，题为《社会规范、储蓄行为和经济增长》。

五 为什么童工应该存在

康奈尔大学教授考希克·巴苏和世界银行研究员扎菲里斯·赞纳托斯在一篇颇有见地的论文《全球童工问题：我们知道什么？我们能做什么？》中证实，随着收入的增加，第三世界国家的儿童将退出劳动力市场，这篇论文发表于《世界银行经济评论》（*World Bank Economic Review*）。

六和七 如何改善政府机制以及如何改善司法系统

这两章的许多观点都是在午餐聊天时产生和逐步成熟的。我的许多同事都参与了这些讨论，但最好的和最离谱的想法几

乎总是来自马克·比尔斯。

七　如何改善司法系统

关于贝叶斯牧师和他在坦布里奇韦尔斯生活的故事我要感谢D. R. 贝尔豪斯在《统计科学》（*Statistical Science*）上发表的《托马斯·贝叶斯牧师：纪念他诞辰三百周年的传记》一文。艾萨克·埃利希和刘志强关于死刑的最新研究成果发表在《法律与经济学杂志》（*Journal of Law and Economics*）上，标题为《威慑假说的敏感性分析：计量经济学的分析》。另见《犯罪经济学》（*The Economics of Crime*）中的许多论文，这是一本由埃利希和刘志强编辑，爱德华·埃尔加出版社于2006年出版的三卷本读物。

在这一章中，我集中讨论了如何改善现有的司法系统。圣克拉拉大学法学教授戴维·弗里德曼主张进行更为彻底的改革——完全废除这一体系。支持私有化的法律体系，由相互竞争的政府提供各种法律法规。你可以选择你想遵守的法律体系，并与提供该法律体系的政府签约。根据弗里德曼的说法，这样的法律体系在历史上曾运行良好，比如中世纪的冰岛，最引人注目的几个世纪执行的就是这样的法律体系。在一个"弗里德曼式"的世界里，你只会在自己选择的法律"溪流"中"游泳"，特定法律法规的变化只会影响它的自愿签约者，从而最大限度地减少溢出效应。

八 如何改善其他问题

迈克尔·克雷默关于专利的论文发表在《经济学季刊》上，标题为《专利收购：鼓励创新的机制》。列维特和艾尔斯关于LoJack的论文发表在《经济学季刊》上，标题为《衡量不可观察的受害者预防措施的正外部性：对LoJack的实证分析》。约翰·洛特和大卫·马斯塔德在《法律研究杂志》（*Journal of Legal Studies*）上发表了他们关于枪支控制的研究。另见洛特的书《枪支越多，犯罪越少》（*More Guns, Less Crime*）。缩短等待队伍的想法来源于特拉维夫大学教授拉斐尔·哈辛发表在《计量经济学》（*Econometrica*）上的一篇论文，题为《关于先到与后到队列的最优性》。耶鲁大学的巴里·内尔巴夫教授首次将哈辛教授的思想应用于《经济学透视杂志》（*Journal of Economic Perspectives*）"谜题"专栏中的饮水机排队问题。在一次午餐聊天时，我听说了内尔巴夫教授的文章，但当时不知道它的来源，于是我在《石板》杂志上发表了一篇同一主题的文章。

第三部分 令人挠头的日常经济学

约翰·迪纳尔多和约恩–斯特芬·皮施克关于使用铅笔可以提高工资的研究发表在《经济学季刊》上，标题是《重新审视计算机的回归：铅笔也改变了工资结构吗？》。波士顿大学教授凯文·朗最近的一篇论文《铅笔与计算机》提供了计算机确实能提高生产力的证据。

九　想一想这几个问题

哈维曼和沃尔夫在他们的著作《成功的一代：对儿童投资的影响》（Succeeding Generations: On the Effects of Investments in Children）中提出了关于搬家的研究结果。

十　哦不！是个女孩

戈登·达尔目前任教于加州大学圣迭戈分校，恩里科·莫雷蒂教授任教于加州大学伯克利分校。他们的论文《对儿子的需求》尚未发表。

十一　做母亲的高昂代价

阿玛利娅·米勒的论文为《做母亲的时机对职业道路的影响》，尚未出版。

十二　真正的慈善

这一章的主要思想来自于我与马克·比尔斯的一次谈话，在我完全理解这个问题之前，他不得不向我解释了三次。下面是本章的数学基础，如果你不记得微积分，可以直接跳过这一部分。

假设有三个慈善机构（同样的结论适用于三个以外的任何数字），这些慈善机构拥有的资金分别为x、y和z，你计划为这三个机构捐赠的金额是$\triangle x$、$\triangle y$和$\triangle z$。一个真正乐善好施的人会关心每个慈善机构的最终捐赠数目，因此会寻求下列函数的最大值：

$$f(x+\triangle x, y+\triangle y, z+\triangle z)$$

函数 f 是任意的。这个论证只是假设你关心慈善机构，但没有假设你如何关心或为什么关心。

如果你的捐赠数目相对于已有的捐赠数目来说很小，那么上面的函数接近于：

$$f(x, y, z)+(\partial f/\partial x)\triangle x+(\partial f/\partial y)\triangle y+(\partial f/\partial z)\triangle z$$

结论是，你只能通过将所有捐赠都捐给与最大偏导数相对应的慈善机构，才能取得最大值。

如果你的捐赠数目相对于已有的捐赠数目很大，或者你有足够的妄想，相信你的捐赠数目相对于已有的捐赠数目很大，那么用这个线性近似来寻找最大值就会失败。

请注意，如果你不确定慈善机构会如何处理捐赠款，可以通过定义不同的函数 f 体现这种不确定性带来的成本。因此，这种不确定性绝不会影响我们的主要观点。

另一方面，如果你不关心慈善机构收到了什么，而是关心你付出了什么（比如你是为了被感谢才进行的捐赠），那么你会想要最大化函数 $f(\triangle x, \triangle y, \triangle z)$。在这种情况下，解决方案不太可能是把所有捐款都给一个慈善机构。

十三　灵魂的中央银行

普林斯顿大学教授佩尔·克鲁塞尔和耶鲁大学教授安东尼·史密斯教授的论文发表在《计量经济学》杂志上，名为《准几何贴现的消费储蓄决策》。哈佛大学教授戴维·莱布森的著作包括他发表在《经济学季刊》上的论文《金蛋和双曲线贴现》。著名物理学家法兰克·迪普勒所著的《不朽的物理学》（The Physics of Immortal）一书让我第一次想到宇宙是一个纯粹的数学对象。更多研究内容，请参阅麻省理工学院物理学家马克斯·泰格马克撰写的《"万物理论"仅仅是终极的集成理论吗？》，发表于《物理学年鉴》（Annals of Physics）。

十四　如何关心时事

本章中关于种族歧视的分析建立在宾西法尼亚大学的约翰·诺尔斯、尼古拉·珀西科和佩特拉·托德的研究上，他们的文章最近发表于《政治经济学杂志》。他们的论证比我在文中指出的要更微妙。我认为，如果警察没有种族偏见，那么被拦截和搜查的黑人和白人携带毒品的概率应该是一样的。如果其他可观察的因素与种族和毒品携带相关，那么上述观点是否正确还需要进一步论证。例如，如果知道所有驾驶大众汽车的白人都会携带毒品，那么所有驾驶大众汽车的白人都会被拦截。

即使警察没有表现出对白人的偏见，白人的平均定罪率也会更高。诺尔斯、珀西科和托德同一个聪明的论证（对本书来说技术性过高，因此没有介绍）排除了这种可能性。粗略地说，他们的论点是：如果所有驾驶大众汽车的白人都携带毒品，那么所有驾驶大众汽车的白人都会被拦截，所以没有白人会驾驶大众汽车携带毒品。

十五　有关生死的思考

基普·维斯库西教授关于生命价值的观点发表于许多论文，其中一个很好的代表是发表在《经济调查》（*Economic Inquiry*）上的《生命的价值：职业和行业的风险评估》。哈恩、泰特洛克和伯内特关于手机的论文为《应该允许开车时使用手机吗？》。贝勒地区医疗中心对塔哈斯·哈布特吉里斯病例的详细回应可以在http://www.baylorhealth.com/articles/habtegiris/response.htm中找到。

致谢

这是一本关于传统经济学的非传统应用之书。首先我要感谢设计这些应用方式的创新思想家们，他们的名字有些出现在章节中，有些出现在附录中。

感谢《石板》杂志的编辑们，十年来，他们给了我极大的自由，让我可以写出脑海中的想法。这本书中的一些观点首次发表于《石板》杂志，尽管当时的内容大多都高度概括和简化。在这本书中，我终于有机会将它们进一步展开论述。

感谢成千上万的读者，是你们让我知道应该对哪些观点进行更多的解释，偶尔你们也会在我犯错之时提醒我。并且，这本书中的几个章节根据读者的建议做了较大的修改。

感谢每日午餐小组的成员，他们对我的很多观点进行了审查，为我的新书做出了贡献。我尤其要感谢马克·比尔斯、戈登·达尔、乌塔·舍恩伯格、艾伦·斯托克曼和迈克尔·沃尔科夫，你们的评论和批评大大提升了本书的质量。

特别感谢马克·比尔斯，我从他那里借鉴了如此多的想法和见解，把他称为合著者也不为过。

感谢我的智囊团，你们虽然不是经济学家，但同样才华横溢。你们帮助我理解对常人而言哪些是显而易见的，哪些不是，并帮助我以完美的词汇表达出了复杂的想法。特别感谢戴安娜·卡罗尔、迈克尔·雷蒙德·费利、莎伦·菲尼克、内森·梅尔、蒂姆·皮尔斯、约翰·罗斯维尔、艾伦·凯恩、塞巴赫和丽莎·塔尔佩，这份名单并不完整，但感谢你们所有人！

感谢自由出版社的布鲁斯·尼科尔斯对我的鼓励和帮助。

感谢我的父母，尽管不赞成这本书的名字但他们还是为我感到骄傲。

感激之处难以一一列举，感谢所有帮助过我的人！

图书在版编目（CIP）数据

为什么聪明人也会做蠢事？/ (美) 史蒂夫·兰兹伯格著；周盟，王艺璇译. -- 北京：北京联合出版公司，2024.3
（反套路经济学）
ISBN 978-7-5596-7325-1

Ⅰ. ①为… Ⅱ. ①史… ②周… ③王… Ⅲ. ①经济学—通俗读物 Ⅳ. ①F0-49

中国国家版本馆CIP数据核字(2023)第242964号

Simplified Chinese Translation copyright ©2024
By Hangzhou Blue Lion Cultural & Creative Co. Ltd
MORE SEX IS SAFER SEX: The Unconventional Wisdom of Economics
Original English Language edition Copyright ©2007 by Steven E. Landsburg
All Rights Reserved.
Published by arrangement with the original publisher, Free Press, a Division of Simon & Schuster, Inc.

为什么聪明人也会做蠢事？

作　　者：[美] 史蒂夫·兰兹伯格
译　　者：周　盟　王艺璇
出 品 人：赵红仕
责任编辑：徐　樟
封面设计：王梦珂

北京联合出版公司出版
（北京市西城区德外大街83号楼9层100088）
北京联合天畅文化传播公司发行
北京美图印务有限公司印刷　新华书店经销
字数172千字　880毫米×1230毫米　1/32　7.625印张
2024年3月第1版　2024年3月第1次印刷
ISBN 978-7-5596-7325-1
定价：49.80元

版权所有，侵权必究
未经书面许可，不得以任何方式转载、复制、翻印本书部分或全部内容
本书若有质量问题，请与本公司图书销售中心联系调换。电话：（010）64258472-800